너는 행복자로다

너는 행복자로다

이동철 목사의
목회 칼럼

에페코북스

너는 행복자로다

작은 오해도 때로는 깊은 상처와 실패와 절망을 만들어낸다. 인간 관계의 오해도 무섭지만 하나님께 대한 오해가 더 무섭다. 우리 인생을 향해 가지신 하나님의 완전한 계획과 사랑과 이미 주신 축복을 오해하여 불신자들은 신앙 생활을 단순한 취미나 의지의 대상을 찾는 수단으로 이해한다. 신자들조차 내가 하나님을 위해 뭔가를 열심히 해야 한다고 오해하면서 신앙 생활을 또 하나의 부담과 고생으로 느끼고, 눌린 자의 삶을 살아간다.

이 칼럼은 짧은 글이지만 하나님께 대한 오해와 거기서 나오는 내 인생에 대한 오해, 신앙 생활에 대한 오해를 풀고, 아직 하나님을 만나지 못한 불신자들과 모든 신자들이 인생 모든 문제에 대해 하나님이 주신 참된 해답과 행복을 누리게 하기를 원하는 기도와 소망으로 쓴 것이다.

이 글은 워싱톤 조선일보사의 제안으로 시작된 것이다. 목회 칼럼을 요청받아 글을 쓰기 시작한 시기에 터진 코로나 팬데믹은 오히려 내게 축복과 응답의 기회가 되었다. 전도와 해외 선교, 강의를 위해 바쁘게 다녀야만 했던 내가 하나님과의 깊은 시간, 나만의 시간을 가지며 이 글을 쓸 수 있었다. 비록 제한된 지면에 실어야만 했던 칼럼이었지만 이 글들이 내가 만나는 모든 사람들과 특히 많은 다민족들에게 하나님의 답이 되기를 기도했고, 그래서 영문판도 함께 출간하게 되었다.

이 칼럼 속에는 내가 미국에서 30년간 목회하면서 얻은 답이 있다. 때로는 아픔과 절망의 시간을 겪기도 했지만 그 속에서 복음을 깊이 이해하면서 체험한 나의 신앙 고백이면서 증인으로의 사역 보고서이기도 하다. 1990년 1월 미시시피에서 짧은 유학을 마치고, 버지니아로 올라와 몇 개월의 부목사 시절을 거쳐 첫 번째 교회를 설립하게 되었다. 젊은 열정과 열심 속에 목회하면서 나름 교회가 성장하고 5년 만에 한인 타운 한가운데 큰 건물을 매입해 입당했지만 사실 나는 서서히 지쳐가고 있었다. 그해 1995년 4월, 워싱톤 중앙장로교회에서 미주 복음 신문 주관으로 열린 목회자 세미나에 주강사로 온 류광수 목사의 메시지는 복음의 참된 의미를 깨닫게 되는 전환점을 만들어 주었다.

그 복음의 축복으로 1996년 1월 지금의 워싱톤 한마음 교회를 개척해서 각종 영적 문제에 고통을 당하는 영혼들을 치유하고, 다민족을 제자로 세우고, 후대를 미래의 주역으로 세우는 일에 집중하며 행복할 수 있었다. 이 글은 그 복음의 눈으로 나와 사람을 보고, 문제와 세상을 보고, 교회와 미래를 보면서 쓴 글이다. 그런 점에서 내게 복음의 눈을 깊이 열어주시고 개인적인 사랑으로 아껴주신 세계복음화 상임위원회 총재이신 "류광수목사님께 깊은 감사와 함께 평생 마음의 빚이 크다."

이 칼럼집을 위해 기꺼이 추천사를 써주신 모교인 총신대학과 대학원 명예 교수로 은퇴하신 은사 정정숙 박사님과 늘 아껴주시며 격려해주신 예원교회 당회장이신 정은주목사님께 특별한 감사를 드린다.

아울러 이 글을 쓸 수 있도록 실제적으로 지원해주신 고 이종율장로님과 워싱톤 한마음 교회 내의 렘넌트 대학교 졸업생들과 지난 26년간 내 사역의 신실한 보호자, 동역자, 식주인이 되어준 한마음 교회 모든 가족들과 통번역팀에게 감사하고, 워싱톤 조선일보사 박현국사장님, 책 표지에 귀한 작품을 사용할 수 있도록 허락해주신 권남숙작가님, 편집 출판을 위해 수고해주신 에페코북스 출판사 박정자 대표님을 비롯한 모든 분들께 감사의 마음을 전한다.

이 칼럼집에 담긴 글들이 우리 인생에 모든 답을 주신 성삼위 하나님께만 영광이 돌려지기를 원한다. 그리고 인생과 세상에 지치고 흑암에 고통을 당하고 있는 사람들에게는 그리스도를 통해서 얻는 참된 치유와 회복이 있기를 바라고, 율법과 종교 생활에 묶여 사는 성도들에게는 참된 복음의 축복과 능력을 회복하는 전환점이 되기를 원하는 마음이 간절하다. 특히 미래를 준비하는 젊은이들에게는 시대를 살리고 이끄는 영적 써밋과 리더로 설 수 있는 작은 로드맵이 되기를 기도한다.

그리스도는 십자가에서 선포하신대로 우리 인생 모든 문제를 끝내셨고(요19:30), 오직 그리스도 안에 인생 모든 문제의 유일한 답이 있다(행4:12). 그래서 그리스도 안에서 구원받고 답을 가진 성도는 최고의 행복자들이고(신33:29, 빌3:7-14), 그리스도께서 승천하시기 전에 주신 약속대로 증인으로 서서 세상을 치유하고 살릴 사람들이다(마28:18-20, 막16:15-20, 행1:8).

이 책을 읽는 모든 분들에게 그 응답과 축복의 증거들이 새롭게 시작되기를 기도하면서.

2022년 5월
버지니아 우드브리지의 서재에서
복음에 빚진 종 이동철 목사

그리스도께서 독자의 인생을 바꿀 글

1. (영적) 재앙시대-치유 불가능

지구상에 제일 많고 고칠 수 없는 병이 정신병, 우울증, 조울증, 조현병, 공황증으로 시달리고 있습니다. 그 누구도 고칠 수 없는 병이 전 세계로 퍼져가고 있습니다. 청소년에게까지 파고 들어 각종 범죄가 나타나고 있습니다. 아무도 도울 수 없는 병으로 마약이 모든 나라의 학교로 파고 들었습니다. 영적 문제를 이길 힘이 없어 자살자가 늘어나고 있습니다.

2. 교회가 문을 닫는 시대 -복음 없는 시대

미국 교회가 문을 닫고 있습니다. 남아 있는 교회도 유지가 어렵습니다. 남은 큰 교회들은 복음 아닌 다른 것을 하고 있습니다. 신신학, 자유주의 신학, 정치 신학, 해방 신학, 다원론 신학등으로 죽어가고 있습니다. 유럽은 이미 문을 닫은 지 오래 되었습니다.

3. 복음 가진 전도자

복음의 능력으로 자신의 어려운 문제를 이긴 전도자입니다. 이익, 손해에 계산없이 복음 운동의 편에 서서 전도 운동을 하고 있는 전도자입니다. 그가 속한 한마음교회는 온 성도가 복음 운동하는 교회입니다. 연약한 초대교회가 유대인과 로마에 핍박을 받았으나 복음으로 세계를 복음화한 것처럼 한마음교회와 후대는 미국을 복음화 할 것입니다.

이 일 속에 이동철목사라는 전도자가 있습니다. 하나님이 하실 미래를 기대합니다. 전도자 이목사의 글이 작은 책 한 권이지만 미국의 생명 운동에 심부름하게 될 것입니다.

세계복음화 상임위원회 총재 류 광 수 목사

살리고 누리는 참 행복의 길

이동철 목사님과는 30년 가까이 성경적 전도 운동을 함께 하고 있습니다. 복음의 동역자로서 그동안 이목사님이 보여준 하나님 중심, 말씀 중심, 복음 중심의 목회, 영혼 구원을 향한 전도와 선교의 열정이 너무나 귀하고 본이 됩니다.

30년의 미국 목회를 통해 받은 은혜와 응답을 바탕으로 이번에 『너는 행복자로다』라는 제목의 칼럼집을 출간하게 된 것을 진심으로 축하합니다. "너는 행복자로다"는 모세가 죽음을 앞두고 이스라엘 백성에게 마지막으로 설교를 한 신33:29의 말씀에 나옵니다. 그 행복의 근원은 여호와 하나님의 구원에 있고, 하나님께서 친히 돕는 방패, 영광의 칼이 되셔서 참된 승리의 삶을 살 수 있도록 하시는 것에 있음을 모세는 밝히고 있습니다. 누구나 행복한 삶을 원할 것입니다. 하지만 잠시 잠깐의 행복이 아니라 영원한 행복을 얻는 길에 대해서는 전혀 모르고 있습니다. 사도 바울의 표현처럼 달음박질하기를 향방 없는 것 같이 하고, 싸우기를 허공을 치는 것 같이 하는 삶을 대부분의 사람들이 살고 있는 것입니다. 이처럼 유리방황하는 삶의 결과는 공허입니다. 염려, 근심, 걱정, 불안, 초조, 두려움입니다. 열심히 하면 할수록 남는 것은 더 심각한 영적 문제입니다. 마치 늪에 빠진 사람처럼 몸부림치면 칠수록 더 깊은 수렁으로 빠져 들어가게 됩니다. 스스로 해결할 길이 없는 것입니다. 영원한 멸망 길로 가고 마는 것입니다. 이목사님의 『너는 행복자로다』는 여기에 대한 해결책을 제시하고 있습니다. 이 칼럼집은 "예수가 그리스도 인생 모든 문제 해결자 되신다"는 참 복음의 진리를 플랫폼으로 우리의 삶 속에 발생하고 있는 다양한 문제에 대해 성경적 해답을 주고 있습니다. 한 마디로 '살리고 누리는 참 행복의 길'을 제시해 주고 있는 것입니다. 이 책을 접하는 분마다 복음의 생명력으로 충만해지고, 변화와 성장, 생동감 넘치는 삶으로의 전환이 일어날 것을 확신하며 기쁜 마음으로 추천합니다.

예원교회 擔任牧師 丁恩柱

전도의 역사를 이루는 목회자

미국에서 목회하고 있는 제자 이동철 목사가 칼럼집〈너는 행복자로다〉를 발간한다는 연락을 받고 축하와 격려 그리고 추천의 인사를 드린다.

지금은 4명의 손주를 둔 할아버지가 되었으나 대학 1학년 때의 그는 고운 청년이었다. 이때부터 시작된 그와의 만남이 멀리서, 가까이서 연결되었다.

나는 그를 대학 4년, 대학원 2년을 계속하여 가르쳤다. 당시 총신대학 기독교교육과에는 전임교수라고는 나 혼자 뿐이었고 대학원생들이 소수였으니 가까워 질 수 밖에 없었다.

나는 그가 기독교교육학을 계속 연구하여 학자의 길로 가기를 바랐으나 목회 현장에서 복음전도의 역사를 이루는 목회자요 전도자가 되었다.

그는 미국에서 디아스포라를 위한 이민목회를 하면서 하나님의 말씀을 통한 사도행전적 교회를 꿈꾸었고, 그의 신앙과 사상을 외부에 선포하는 칼럼을 통해서 말씀의 진수를 소개해 왔다고 한다.

이 칼럼들은 이 목사의 신앙고백이며, 사회적 관점이며, 복음의 선포이다. 독자들은 그의 120여편의 칼럼들에서 밑바닥에 깔려있는 생명의 메시지를 접할 수 있을 것이다.

이 칼럼들의 중요한 주제어(key word)를 살펴보면 첫째는 '누리다'인데 말씀을 통한 자유를 누리는 신앙과 삶을 논하였다. 둘째는 '살리라'인데 나를 살리고, 가정과 교회 그리고 후대를 살려야 한다는 이 목사의 열망을 나타냈다. 셋째는 '훈련하다'인데 선교, 전도, 영성, 헌신 등의 살려야 할 영역의 절박성을 지적하는 사명론이다.

이 칼럼이 독자들에게 신앙의 자극이 되고, 하나님의 나라를 확장하는 도구가 되기를 바란다.

총신대학교 명예교수 정정숙 박사

목 • 차

» 프롤로그(Prologue) 4
» 추천인의 글 8

1 인생의 유일한 해답인 복음   17
» 부활하신 그 분만 새롭게 할 수 있다
» 메리 크리스마스
» 모든 재앙에서 사는 길
» 세상을 살리는 복음 바이러스
» 우리 앞서 행하시는 하나님
» 독립 기념일에 생각하는 자유
» 아들이 주시는 참 자유
» 복음 누리기
» 복음 24시

2 그리스도인이 가는 길   47
» 영적 정체성부터 찾아 시작하라
» 참 이스라엘은 누구인가
» 언약의 여정을 가는 사람들
» 하나님의 작품으로
» 세상을 바꿀 수 있는 한 사람

3 영적 성숙   63
» 영적 성인식
» 하나님이 쓰시는 자들의 눈과 귀
» 불평을 감사로 바꿀 때
» 참된 감사를 회복할 수 있다면

4 고난을 보는 눈   77
» 나의 연약함을 체휼하시는 분
» 내 아픔 속에 담긴 하나님의 메시지
» 절대 절망을 절대 희망으로
» 마음을 연단하시는 하나님
» 풍랑이 하나님의 방법이다
» 절대 위기에서 도전하는 사람들
» 겨울에 피는 꽃

5 참된 행복과 하나님 나라   99
» 행복찾기
» 행복 꿈꾸기
» 이 시대의 에덴은 어디에 있을까
» 하나님 나라를 미러링하기
» 하나님 나라의 써밋들
» 광야에서 드린 감사절

6 나를 살리라   119
» 내 안에 만들어져야 하는 집
» 광야를 걷게 하시는 이유
» 역발상
» 성도에게는 먹는 것도 예배다

7 가정을 살리라   133
» 가족 관계의 축복과 미션
» 가정의 축복을 회복해야
» 나의 집이 영적 방주이다
» 가족과 가문에 주시는 언약
» 아버지가 회복해야 할 축복

8 후대를 살리라   149
» 죽어가는 후대를 살려야 한다
» 위대한 어머니는 누구인가
» 격대(조부모) 교육에 대하여
» 태아 때부터 하나님의 축복을 받게 하라
» 자녀 교육에 아빠가 중요하다

9 무너지는 교회를 살리라   165
» 무너지는 교회를 회복하는 길
» 숲에서 누릴 수 있는 축복
» 영적 가족의 축복
» 사이비 종교가 일어나는 이유

10 시대를 살리라   179
» 어둠의 현장에 빛을
» 사람을 보는 눈을 바꿀 때
» 나와 세상을 살리는 전도
» 하나 되게 하시는 그리스도
» 세계를 살릴 주인공 TCK

11 치유사역   195
» 상한 마음을 치유하시는 그리스도
» 폭력의 고통에서 치유 받는 길
» 우울증과 자살 충동에서의 해방
» 비교 의식과 경쟁을 넘으라
» 마약 중독 치유
» 도박 중독 치유
» 증오 범죄의 영적 해답
» 자살은 답이 아니다
» 스트레스와 탈진을 극복하는 길

12 무속인과 시달리는 분들에게   223
» 영적 문제에서 빠져 나오는 길(1)
» 영적 문제에서 빠져 나오는 길(2)
» 영적 문제에서 빠져 나오는 길(3)

13 4차 산업혁명 시대   233
» 비대면 시대의 영적 써밋
» 민간인 우주여행 시대

14 그리스도인의 성공관   241
» 하나님이 원하시는 참된 성공
» 멀리 보면서 준비해야 한다
» 낮은 곳으로 가는 영적 리더
» 영적 리더로 서라

15 서밋훈련   255
» 써밋은 하나님의 관심이다
» 가짜 써밋과 참된 써밋
» 영적 승리를 누리는 써밋
» 경제 써밋의 증인으로
» 섬기러 오신 써밋
» 영적 써밋의 감사

16 영성훈련   275
» 하나님의 깊은 것을 누리라
» 성도의 묵상 훈련
» 기도는 영적 과학이다

17 그리스도인의 국가관   287
» 베테랑스 데이를 맞이하면서
» 그리스도인이 나라를 살리는 길
» 지극히 큰 하나님의 군대
» 미국에 살게 하시는 절대 이유

18 다민족 사역과 선교   301
» 다민족 사역으로 일어나라
» 다인종의 갈등을 축복으로
» 난민에 대한 하나님의 해답
» 모태에서 영원까지
» 한 사람의 제자

19 마지막 때를 사는 성도   317
» 마지막 때에 성도가 누려야 할 축복
» 땅을 팔고 사지 못하게 하신 이유
» 불확실한 미래를 사는 길(1)
» 불확실한 미래를 사는 길(2)
» 불확실한 미래를 사는 길(3)

20 우리가 소중히 여겨야 할 분들을 위해   333
» 어머니의 날에
» 아버지께 드리는 늦은 감사
» 조부모(Grandparents Day)의 날에
» 목회자의 날을 맞이하면서
» 고(故) 이종률 장로님을 그리며

» 에필로그(Epilogue) 349

1

인생의 유일한 해답인 복음

부활하신 그 분만 새롭게
할 수 있다

그리스도의 부활은 그리스도가 하나님의 아들로 이 땅에 오셔서 인간이 겪는 모든 죄, 저주, 운명에서 구원하실 수 있는 유일한 분이라는 사실을 보증하는 최고의 증거이다. 그 분이 하나님의 아들이었다는 많은 증거들이 있지만 대표적인 두가지 가 있다.

먼저는 그 분이 처녀의 몸을 통해 오셨다(창3:15, 사7:14)는 사실이다. 세상의 누구도 처녀의 몸에서 태어난 존재는 없다. 공자도, 석가모니도, 마호멧도 한 남자와 한 여자를 통해 이 땅에 태어난 존재들이다. 그래서 우리와 똑같은 인간일 뿐이고, 아담의 원죄의 본성을 그대로 가지고 태어난 존재들이다(롬5:12). 그래서 그리스도 외에는 누구도 인생의 참 구원자가 될 수는 없는 것이다.

그 분이 하나님의 아들이었다는 또다른 증거는 오직 그 분만이 인생이 가진 모든 죄와 저주와 운명과 사단의 권세로부터 해방시키기 위해 죽으시고, 부활하셨다는 사실이다. 세상의 누구도 죽음에서 부활한 적이 없다. 그러나 그리스도는 창조주 하나님의 아들이기 때문에 죽음에서 부활하실 수 있었고, 우리 인간과 세상의 절대적이고, 유일하고, 완전하고, 영원한 구원자가 되신 것이다.

그리스도의 대속의 죽음을 통해 우리가 영원히 죄와 저주와 사망과 지옥 권세에서 해방 받은 것이라면 그 분의 부활을 통해서 얻은 네가지의 축복이 있다.

첫째는 그 분이 부활하심으로 첫 인생 아담의 범죄 이후에 잃어버린 영원한 생명을 얻는 길이 되어주시고(요11:25-26), 그 분을 영접할 때 부활하여 살아계신 그리스도가 내 인생의 참 주인이 되는 축복을 누리게 된 것이다. 내 인생의 주인이 바뀐 것이다. 그래서 구원받은 자는 무엇도 두려워 할 이유가 없고, 이제는 주인 되신 그 분께 모든 것을 맡기는 믿음으로 살면 된다(벧전5:7).

"너희 염려를 다 주께 맡기라 이는 그가 너희를 돌보심이라"(벧전5:7)

둘째는 그 분이 부활하시면서 첫 인생인 아담과 하와 때부터 인생에 실패를 가져다주는 사단의 권세를 그 앞에 무릎 꿇게 했다(고전15:24-26, 요일3:8). 이제 그 부활하신 그리스도를 통해 구원받은 성도들은 그 부활하신 그리스도의 권세와 능력으로 지금도 우리 인생을 어둠으로 이끄는 어둠의 세력을 대적하여 이길 수 있는 권세를 누리게 된 것이다(눅10:19, 고전15:55-57).

셋째로 부활하신 이 그리스도는 승천하여 하나님 보좌 우편에 계시면서 믿는 우리 안에 그 보좌의 권세와 능력으로 함께 하실 것을 약속하셨다(막16:19-20). 아무 힘과 배경도 없었던 제자들이 로마와 세계를 살릴 수 있었던 비밀도 부활하여 하늘 보좌 우편에 계신 그 분의 능력과 축복을 누릴 수 있었기 때문이다.

넷째는 이 그리스도가 다시 올 때 우리도 영광스러운 몸으로 부활하여 영원한 시작을 할 수 있다는 보증이 되어 주셨다(고전15:50-52). 그리스도가 부활의 첫 열매가 되심으로 우리도 계속 그 뒤를 이어 부활의 축복을 누리게 된 것이다.

한때는 핍박자로 살았지만 부활하신 그리스도를 만나 온 세상에 복음을 전하는 전도자로 산 바울은 이 부활이 없다면 우리는 여전히 죄 가운데 있을 것이고, 부활을 믿고 영원한 소망을 가지고 사는 성도는 세상에서 가장 불쌍한 자라고 했다(고전15:17-19). 그러나 그 분은 약속대로 오셨고, 약속대로 부활하셔서 지금도 그를 인생의 주인으로 영접하고 믿는 모든 자의 인생을 바꾸신다.

부활 절기에 많이 보는 고전 영화 중에 하나는 〈벤허〉이다. 친구인 메살라의 배신으로 로마의 노예로 끌려간 벤허는 전차 경기에 승리하여 메살라와 로마에 복수를 하지만 오히려 허무함에 빠진다. 그런 그가 십자가를 지고 가는 그리스도를 만나면서 모든 것을 용서하고 회복하는 내용이다. 그래서 1880년에 저자인 월리스가 발표한 '벤허'에는 "그리스도의 이야기(A Tale of the Christ)"라는 부제가 붙어 있다.

이 부활하신 그리스도만이 모든 사람과 세상을 새롭게 하실 수 있는 유일한 구원자가 되신다(행4:12)

메리 크리스마스

크리스마스에 가장 많이 나누는 인사는 메리 크리스마스이다. 영어의 "메리"는 "행복한"(happy), "기쁜"(Joyful), "즐거운"(Cheerful)이란 뜻이다. 행복하고 기쁘고 즐거운 크리스마스를 지내기 위해 함께 모여서 즐기는 것이 일상이었지만 올해는 코로나 바이러스로 인해 집에서만 조용히 보내야 하는 시간이 되었다. 그래서 올해는 참된 크리스마스를 누릴 수 있는 기회가 아닐까 싶다. 예수님이 태어나던 당시에도 첫 크리스마스를 누린 사람들은 조용히 들판에서 자기 양떼들을 지키다 천사들의 인도를 받은 목자들과 동방 박사들 뿐이었기 때문이다. 성도가 크리스마스에 행복하고, 기쁘고, 즐거워해야 하는 진짜 이유는 무엇일까?

첫째는 하나님의 아들이 우리를 구원하실 그리스도로 오셨기 때문이다(눅2:10-11). 그리스도는 "기름부음을 받은 자"란 뜻으로 세 가지 권세를 의미한다. 아담으로 인해 모든 인생에게 임한 원죄의 저주에서 우리를 해방시키신 제사장의 권세(롬 5:12, 롬8:1-2, 히4:14), 첫 인생을 무너뜨리고, 지금도 온 세상을 어둠과 고통으로 끌고 가고 있는 사단의 일을 멸하신 왕의 권세(고전15:25, 요일3:8), 하나님 만나는 길과 영원한 생명이 되어 주신 선지자의 권세(요14:6)이다. 우리가 이 그리스도를 영접하여 영원한 하나님 자녀가 되고(요1:12), 하늘의 생명을 누릴 자가 된 것은 무엇과도 비교할 수 없는 가장 기뻐해야 할 이유이다(벧전 1:8-9).

둘째는 이렇게 구원받은 우리가 이 땅에서 미리 누릴 천국의 영광 때문이다. 천사들이 나타나 "지극히 높은 곳에서는 하나님께 영광이라"고 찬양한 이유이다. 그리스도 자신이 하나님의 영광이요, 그의 오심이 하나님의 영광을 드러낸다는 의미이고, 그로 인해 우리가 하늘의 영광을 누릴 자가 된 것을 포함한다.

이 그리스도로 구원받은 순간부터 우리 몸은 땅에 있으나 우리 영혼은 하늘 영광과 배경을 누리게 된 것이다. 그래서 성도는 천국 시민권을 가진 자라고 했고(빌3:20), 우리의 생명은 그리스도와 함께 감추어져 있다고 했고(골3:3), 그의 이름으로 하는 기도는 무엇이든지 매고 풀 수 있는 천국 열쇠와 같다고 했다(마16:19).

셋째는 이 그리스도께서 우리에게 참된 평화를 약속하셨기 때문이다. 그래서 천사들은 찬양하기를 "땅에서는 하나님의 기뻐하심을 입은 사람들 중에 평화로다"라고 했다. 그 평안은 세상이 줄 수 없는 평안이고(요14:17), 성령의 역사로 인해 오는 평안이다. 그것이 우리가 이 땅에서 누리는 하나님 나라이다(롬14:17).

평생 앞을 못 보면서도 900곡 이상의 찬송시를 쓴 크로스비의 찬송은 이 세가지 축복을 깊이 누린 사람의 간증이다.

"예수로 나의 구주 삼고 성령과 피로서 거듭나니, 이 세상에서 내 영혼이 하늘의 영광 누리도다.

온전히 주께 맡긴 내 영, 사랑의 음성을 듣는 중에 천사들 왕래 하는 것과 하늘의 영광 보리로다.

주 안에 기쁨 누림으로 마음의 풍랑이 잔잔하니, 세상과 나는 간 곳 없고 구속한 주만 보이도다".

혹시 우울해질 수 있는 올해의 크리스마스는 우리의 영혼이 더욱 하늘의 영광과 평화를 누릴 수 있는 깊은 기회이다.

모든 재앙에서
사는 길

코로나 판데믹의 고통 중에 덮친 폭우와 태풍으로 인해 한
국과 일본의 피해는 말할 수가 없다고 한다. 중국은 홍수가 계
속되면서 만리장성 이래 중국이 자랑하는 최고의 토목 공사였
던 세계 최대의 싼사댐의 붕괴 설까지 나오고 있다. 예수님께서
마지막 때에 전쟁, 기근, 지진, 전염병 등의 재난이 세상을 덮을
것을 말씀하면서 노아의 홍수 심판을 상기시키셨다. 홍수가 나
서 다 멸망을 당하기까지 사람들이 깨닫지 못한 것처럼 주님이
오실 때도 그럴 것이라고 했다(마24:37-39).

성경은 개인과 세상의 모든 실패와 재앙의 근원을 말씀하신
다. 그것을 창3장의 문제라고 한다. 첫 인생 아담이 타락한 영
인 사단에 속아 욕심에 빠져 타락하면서 시작된 저주가 지금도

계속되고 있고, 인생이 계속 똑같은 길을 가고 있다는 것이다.

그 인간이 가진 욕심과 타락이란 무엇일까? 거짓말하고, 도둑질하고, 성적으로 타락하는 것을 의미하는 것이 아니다. 그것들은 타락의 결과물일 뿐이다. 그 타락이란 인생과 세상이 내 것인 줄 알고, 내가 스스로 주인 노릇하며 사는 것이다. 마귀가 하와를 속일 때 "네가 하나님처럼 될 것이라"고 하며 부추겼다(창3:5). 그 결과로 인간은 하나님을 불순종하고, 하나님과의 관계가 깨지게 된 것이다. 인간을 지기 형상대로 창조하시고 영원히 축복하시기를 원하신 하나님이 일하실 공간이 없어진 것이다. 모든 인생이 자기 중심, 육신 중심, 물질 중심의 욕심만을 추구하면서 하나님의 영광을 떠났고 했다(롬3:23).

"모든 사람이 죄를 범하였으매 하나님의 영광에 이르지 못하더니"(롬3:23)

전 세계에 기상 이변으로 인한 폭우와 홍수는 지구 온난화의 결과라고 한다. 18세기 영국에서 시작된 1차 산업 혁명이후 4차 산업 혁명의 시대를 맞기까지 전 세계에서 나오는 산업 쓰레기와 이산화탄소는 지구를 온난화할 정도를 넘어 뜨겁게 달구고 있다.

한국의 조천호 전 국립 기상과학원장의 기고에 의하면 일만 년 동안 지구 온도가 4도 올랐는데 산업화 이후 100년 만에 1

도가 올랐고, 이제 기온이 0.5도만 오르면 세계의 난민이 1억명이 될 것이고, 모든 자원을 외국에서 끌어 쓰는 한국이 첫 위기국이 될 가능성이 있다고 한다.

하나님이 인생을 창조하시고 안식일을 허락하신 이유는 사람이 하루를 쉬면서 예배를 통해 창조자 하나님을 기억하며 그 하나님의 축복을 누리라는 뜻이었다. 안식년을 제정하시고는 6년간 농사를 짓고, 7년째 한 해는 땅도 쉬게 하라고 하셨다. 이때에 자연적으로 나온 열매들은 가축이나 들짐승이 먹게 하고, 집에서 일하는 종들과 나그네들이 먹도록 두라고 하셨다(레 25:1-7). 하나님이 창조하시고 아담에게 맡기셨던 자연 만물까지 배려하신 하나님의 사랑이었다.

사람들은 하나님이 왜 세상에 이런 저주와 재앙을 내리시느냐고 항변한다. 이 모든 재앙들은 인간의 타락한 욕심과 그 배후에서 지금도 세상을 끝없는 고통으로 몰고 가고 있는 어둠의 영들이 하는 일들이다. 하나님은 우리가 하나님께로 돌아와 이 모든 저주와 재앙에서 빠져 나오기를 기다리고 계신다(요일3:8). 그 하나님 만나는 길과 진리와 생명으로 오신 분이 그리스도이시다(요14:6)

세상을 살리는
복음 바이러스

　세균과 바이러스는 치명적인 질병을 일으키는 대표적인 병
원체라고 한다. 세균은 페니실린 같은 항생제를 통해 치료하지
만 그보다 훨씬 적은 세포인 바이러스는 백신을 통해 우리 몸
에 항체를 만들어 싸워 이기게 하거나 타미플루 같은 항바이러
스제를 사용해서 바이러스의 증식을 막거나 바이러스를 죽여
야 한다. 문제는 이 바이러스가 다양하기 때문에 모든 바이러
스를 이길 치료제를 만들기가 어렵다고 한다.

　〈바이러스〉라는 책의 저자 메릴린 루싱트는 지금까지 독감,
홍역, C형 간염, 에이즈를 비롯해서 댕기열, 지카, 사스, 에볼
라, 메르스, 코로나 바이러스까지 101가지의 바이러스가 발견되
었고, 앞으로도 더 치명적인 바이러스들이 발견될 수도 있다고

했다.

성경에 보면 이런 세균이나 바이러스를 통해서 만들어진 질병들을 염병이라고 했다. 범죄하고 타락하여 하나님을 대적한 인간과 세상을 향한 심판의 도구로 사용되기도 했고(민14:12, 민16:49, 욥27:15), 하나님의 은혜와 능력으로 치유하기도 했다. 그래서 구원받은 하나님의 백성은 흑암을 틈타서 퍼지는 염병과 백주에 덮치는 재앙도 두려워하지 말라고 했다(시91:6).

분명한 것은 하나님은 세상과 인류를 창조하신 분이시기에 병들고 고통을 당하는 인간을 치유하실 수 있다. 그래서 하나님은 스스로를 "나는 너희를 치료하는 여호와"라고 하셨고(출15:26), 실제로 그의 아들을 그리스도로 보내시어 공생애 기간 동안 복음을 전파하며 사람들의 각종 병과 연약함을 치유하게 하셨다(마4:23-24). 그리고 십자가에서의 대속의 죽음을 통해 우리에게 완전한 치유를 허락하셨다. "그의 찔림은 우리의 허물 때문이요 그가 상함은 우리의 죄악 때문이라 그가 징계를 받음으로 우리가 평화를 누리고 그가 채찍에 맞음으로 우리가 나음을 입었도다"(사53:5).

"그의 찔림은 우리의 허물 때문이요 그가 상함은 우리의 죄악 때문이라 그가 징계를 받음으로 우리가 평화를 누리고 그가 채찍에 맞음으로 우리가 나음을 입었도다"(사53:5)

이제 그 그리스도께서는 모든 믿는 자를 세상에 보내시면서 "믿는 자들에게는 이런 표적이 따르리니 곧 내 이름으로 귀신을 쫓아내며 새 방언을 말하며 뱀을 집으며 병든 사람에게 손을 얹은즉 나으리라"고 약속하신다(막16:16-17). 여기의 믿는 자는 적어도 세가지 사실을 믿는 자들이다. 그리스도가 십자가에서 죽으심으로 인생의 모든 저주와 문제를 끝냈다는 사실(요19:30), 이 그리스도께서 구원받은 우리에게 왕 같은 제사장의 권세를 주시어 세상을 살리고 치유하라고 보내신다는 사실(벧전2:9), 반드시 그 분이 함께 하여 증거를 주신다는 사실이다(막16:20).

네이션 울프의 〈바이러스 폭풍의 시대〉라는 책을 보면 바이러스는 나쁜 바이러스만 있는 것이 아니고, 저항력을 키워 바이러스와 싸우게 하는 백신 바이러스도 있고, 암세포만 골라죽이는 바이러스, 에이즈 감염자의 수명을 연장시켜주는 바이러스도 있다고 한다. 그런 점에서 웃음 바이러스, 행복 바이러스라는 말도 나왔을 것이다.

그러나 이 땅에서 모든 저주와 재난과 질병을 이기고, 우리를 영원한 나라로 인도하는 더 귀한 영적 바이러스가 있다. 하나님의 아들이 그리스도로 와주신 복음 바이러스이다. 복음을 핍박하는 자들이 이 축복을 몰라 전도자 바울을 오해해서 "염병 곧 나쁜 바이러스를 전하는 자"라고 했을 것이다(행24:5).

우리 앞서 행하시는 하나님

미국의 독립 전쟁을 이끈 조지 와싱톤은 전쟁 중에 자신의 막사에 기도 시간을 표시하고 기도했다고 한다. 아브라함 링컨은 남북 전쟁 중에 "하나님이 우리 편이 되어 달라고 기도하지 말고, 우리가 하나님의 편이 되게 해달라고 기도하라"고 말한 것으로 유명하다.

2차 대전 중에 영국에서는 저녁 9시에 의사당의 시계탑에서 종소리가 울리면 모든 사람들이 하던 일을 멈추고 침묵 기도를 했다고 한다. 독일이 200대의 전투기를 이끌고 영국을 기습했지만, 불과 2개의 비행 중대에 의해 패배한 독일 장교는 그때의 기적이 영국인들의 기도 때문이었을 것이라고 고백했다.

6.25 전쟁을 일으킨 북한이 한 달 만에 낙동강까지 밀고 내

려 왔을 때, 부산의 초량교회에서 목회자들과 장로들이 모여 눈물로 기도한 결과도 유명하다. 당시 경남도지사였던 양성봉 장로가 출석하던 초량교회에는 피난 온 목회자들이 머물고 있었고, 그 곳에서 2주간 나라를 위한 특별기도회가 열린 것이다. 기도회가 끝난 3일 뒤 맥아더 장군의 인천 상륙작전이 성공한 것은 하나님의 역사였다.

하나님은 그리스도 안에서 구원받은 자기 백성들이 기도할 때 앞에 서서 모든 것을 행하실 것을 약속하셨다. 앞으로는 홍해가 가로 막고 뒤로는 애굽 군대가 쫓아올 때 하나님께서 직접 싸우시는 것을 보라고 하셨다(출14:13-14). 광야를 지날 때에도 하나님께서 앞서 행하시며 불기둥, 구름기둥으로 인도하셨고(신1:33), 그 하나님이 가나안을 정복할 때도 앞서 행하시며 싸우실 것이라고 분명히 하셨다(신1:30).

"너희보다 먼저 가시는 너희의 하나님 여호와께서 애굽에서 너희를 위하여 너희 목전에서 모든 일을 행하신 것 같이 이제도 너희를 위하여 싸우실 것이며"(신1:30)

약속하신 그대로 하나님이 우리 앞서 행하시며 우리를 도우신다면 우리는 세상을 살면서 불안하고 두려워 할 이유가 없다. 올바른 믿음을 가지고 기도하면서 하나님을 따라가면 된다.

하나님께서 이렇게 우리 앞서 행하시는 것을 믿고 그 분을 바라보며 기도할 때 적어도 두가지 영적인 일이 벌어진다. 성도의 길을 가로막고 훼방하는 대적의 권세들이 무너지고(눅10:19), 하나님이 준비하신 응답의 문들이 열리는 축복이다(마18:18-19, 계3:8).

이 축복을 누리는 비밀이 그리스도 이름의 권세로 하는 기도이다. 그리스도는 "기름부름을 받았다"는 뜻으로 그 분이 가진 세가지 권세를 의미한다. 참 제사장의 권세로 우리의 죄를 사하시고(히4:15), 참 선지자의 권세로 하나님 만나는 길이 되시고(요14:6-9), 참 왕의 권세로 흑암과 저주가 가득한 이 땅에 역사하는 사단의 권세를 깨신 것을 의미한다(고전15:25-26).

우리가 그 그리스도의 권세로 기도할 때 하나님은 그 자녀들을 도우시기 위해 천군 천사를 움직이신다(히1:14). 베드로가 그리스도를 증거하다 감옥에 갇혔으나 성도들이 합심하여 기도할 때 하나님은 천사를 보내어 베드로의 결박을 풀고 감옥에서 나오게 하셨다(행12:5-10). 풍랑을 만나 살 소망이 끊어진 바울에게도 하나님은 천사를 보내어 그가 어떻게 살아서 로마의 황제 앞에서 복음을 전하게 될 것인지를 확인해주셨다(행26:23-24).

모든 것이 어려워 보이는 지금이 그리스도의 이름의 권세를 붙잡고, 우리 앞에 행하시는 하나님의 역사를 체험할 기회이다.

독립 기념일에 생각하는 자유

미국 독립선언서를 기초한 토마스 제퍼슨 기념관

1776년 7월 4일 더 이상 식민지가 아닌 자유롭고 독립된 연방으로서의 독립선언서를 채택한 이후, 영국과의 7년간의 전쟁에서 승리하고 독립된 국가로 탄생한 것을 기념하는 독립 기념일이다. 이 독립 전쟁의 총사령관으로서 승리를 이끌고 미국의 초대 대통령이 된 사람이 조지 워싱턴이지만 최근 인종 갈등으로 인해 그 기념 동상이나 조각품들이 훼손되는 일이 벌어지고 있다. 그가 마운트 버논에 살 때 많은 노예를 거느리고 있었다는 이유이다.

시카고 스테이트 대학교의 흑인 역사학과의 라이오넬 킴블 교수는"과거의 상징들을 다 없애 버린다면 우리가 누구인지 이해할 수가 없어진다. 역사를 파괴하는 대신 조지 워싱턴이 미국 역사에서 갖는 의미에 대해 대화를 나누고, 이를 토대로 우리가 나아갈 방향을 설정해야 한다"고 조언한 것은 참고할 만하다. 기록에 의하면 조지 와싱톤은 죽을 때 곁에 있었던 흑인 비서를 자유인으로 풀어주고, 나머지 노예들도 부인이 사망한 후에 모두 자유인으로 해방시켜 주도록 유언했다고 한다.

왜 이 땅에는 누가 누구를 지배하고 서로 차별을 해서 끝없는 갈등과 폭동과 전쟁이 계속되고 있을까?

성경에는 이스라엘 백성이 세 번 강대국에 지배를 당하면서 짓밟히고 고통을 당한 역사가 있다. 이집트 제국 아래에서는 노예로, 바벨론과 페르시아 제국 아래에서는 포로로, 헬라와 로마 제국에는 속국으로 산 역사이다. 하나님은 이스라엘 백성들의 이런 비극을 통해서 참된 자유와 해방이 무엇인지를 깨닫게 하시고, 우리가 그 축복 속에서 이 세상을 살기를 원하신다.

예수 그리스도께서는 자기를 따르는 성도들에게 "너희가 내 말에 거하면 참 나의 제자가 되고, 진리를 알지니 진리가 너희를 자유케 하리라"(요8:31-32)고 말씀하셨다. 예수님께서 말씀하신 자유는 단순히 세상적이고 육신적인 자유가 아니라 인생의 근본 저주와 고통에서 해방되는 영적인 자유를 말씀하신 것이다.

그 속에는 먼저 아담 이후 인간의 내면에 자리 잡은 죄의 본성과 그 죄로 인한 저주로부터의 자유를 의미한다(요8:34). 그리스도의 죽으심으로 말미암아 우리가 모든 죄와 저주에서 해방되는 축복을 의미한 것이다(롬8:1-2).

그 죄와 저주의 배후에는 첫 인생 아담과 하와를 속이고, 하나님과의 관계를 무너지게 한 어둠의 영들이 있다. 이 사단은 지금도 인생을 각자의 욕심에 사로잡혀 갈등하며 싸우게 하고, 반대로 여러 가지 상처 속에서 짓눌려 살게 하는 존재이다. 예수 그리스도는 성령과 능력으로 기름부음을 받으셔서 "이 마귀에게 눌린 모든 자를 고치신다"고 했다(행10:38). 우리가 반드시 누려야 할 참된 해방이고, 영적인 자유이다.

마지막 자유는 영원한 자유이다. 그리스도 안에 있을 때는 그가 종이라도 주께 속한 자유자가 되고(고전7:22), 아버지와 성령 안에서 하나가 되고(엡4:4-6), 새 하늘과 새 땅에서까지 영원한 자유를 누리게 되는 것이다.

오직 그리스도 안에서만 누릴 수 있는 참된 자유, 끝없는 갈등이 계속되는 이 땅에서 반드시 우리가 누려야 할 축복이다.

아들이 주시는
참 자유

달라스의 어느 교회에서 펜스 부통령이 자신의 신앙 고백 위에서 한 독립 기념일 축사를 들었다. "미국의 기반은 자유입니다. 하지만 그 자유의 기반은 신앙입니다"라고 외친 그 고백은 이런 신앙을 가진 지도자들이 있는 한 아직 이 땅에 희망이 있다는 생각과 함께 더 이 땅을 위해 기도해야 한다는 책임감을 느끼게 한다.

인간은 누구나 적어도 다섯 가지의 자유가 필요하다고 한다.

첫째는 내면적인 자유이다. 과거의 상처나 트라우마에 짓눌리고 고통을 당하는 삶에서의 자유이다. 이 자유를 얻지 못할 때 우울증, 공포증, 공황장애와 같은 문제에 시달리기도 한다.

둘째는 도덕적인 자유이다. 각자의 허물과 실패로 인해서 오는 양심의 짓눌림, 곧 죄책감에 벗어나는 자유이다. 프로이드는 사람의 모든 갈등과 행동 장애는 인간의 본능인 이드와 자아가 지나친 도덕과 사회적인 기준에 의해 짓눌려 오는 문제라고까지 했다. 이것을 극복하려고 술과 마약을 의지하다가 중독에 빠지기도 한다.

세 번째는 정치적인 자유이다. 나라가 주권을 빼앗기거나 한 나라 안에서도 차별을 받으며 살 때 추구하는 자유이다. 이스라엘 백성들은 적어도 일곱 나라(애굽, 블레셋, 아람, 앗수르, 바벨론, 페르시아, 로마)에 의해 침략을 당하고, 노예, 포로, 속국의 역사를 경험했다. 예수님이 승천하시기 전에 제자들이 "주께서 이스라엘 나라를 회복하심이 이 때니이까?"(행1:6)라고 한 질문 속에 그들이 얼마나 이 자유를 갈구하고 있었는지를 읽게 한다.

네 번째 자유는 경제적인 자유이다. 한 국가가 경제적인 어려움을 당하거나 개인이 경제적 빈곤에 묶이면 매일 먹고 사는 일에 고통하며 살아야 한다. 사람들은 생존의 문제만이 아닌 더 많이 소유하기를 원하는 욕심에서도 자유하지 못하고 산다. 최고의 부자였던 록펠러에게 누군가가 "당신의 부에 대해 만족하는가?"라고 물었다고 한다. 그의 답은 "아니요"였다. 그가 도대체 어느 정도를 더 소유해야 만족할 것인가를 물었을 때, 록펠러는 웃으면서 "조금만 더"라고 말했다고 한다.

마지막은 영적인 자유이다. 이것은 단순히 종교를 가지면 얻을 수 있는 자유가 아니다. 성경은 오히려 하나님을 만나지 못한 채 열심과 선행과 경건을 요구하는 종교에 묶이면 항상 눌리고, 나중에는 일곱 귀신이 들어가 더 심각한 영적 고통을 당하는 일들이 벌어지게 될 것을 경고한다(마12:43-45).

인간은 어떻게 해야 이 모든 것에서 참된 자유를 누릴 수 있을까? 하나님은 우리의 욕심, 죄, 실패, 모든 상처, 그 배후의 어둠의 영들로부터 해방 받고, 참된 자유를 누릴 수 있는 길을 열어주셨다.

자기의 아들을 성령의 기름 부름을 받은 그리스도(사61:1)로 보내시고, 그 분이 십자가의 죽음으로 우리가 죄와 사망의 권세에서 해방 받도록 허락하셨다(롬8:1-2). 그리고 부활하셔서 모든 문제로 인생을 짓누르는 사단의 머리를 밟으시고(창3:15, 고전15:25), 지금도 그 사단에게 눌린 자들을 고치신다고 했다(행10:38).

하나님은 모든 인생이 이 그리스도 안에서 참 자유를 얻고, 더 이상 종의 멍에에 매여 살지 않기를 원하신다

"그러므로 아들이 너희를 자유롭게 하면 너희가 참으로 자유하리라"(요8:36)

복음 누리기

　많은 사람들은 신앙 생활이 우리가 하나님을 위해서 무엇인가를 열심히 해야 하는 것으로 오해한다. 마치 그리스도께서 하신 것처럼 나도 나의 십자가를 지고 희생하며 살아야 한다고 생각한다. 그러다보니 신앙 생활을 하려면 세상의 것과는 단절해야 하고, 늘 금욕적인 삶을 살아야 한다고 오해한다. 그래서 많은 신자들조차 신앙 생활은 어렵고, 고생스럽기 때문에 이중적인 생활을 하거나 세상으로 돌아가는 사람들도 있다.

　이런 삶이 하나님이 원하시는 신앙 생활이라면 성경에 이해되지 않는 구절이 너무 많다. 대표적으로 예수님이 "수고하고 무거운 짐을 진 자들아 내게 오라 내가 너희를 쉬게 하리라"고 하신 말씀의 의미를 이해하기가 힘들다. 왜 이런 오해를 하며 살아갈까?

첫째는 복음에 대한 오해이다. 복음은 말 그대로 "좋은 소식"이다(눅2:10). 인생이 가진 문제를 인생 스스로 해결할 수 없기 때문에 하나님께서 그 아들을 보내신 것이 복음이다. 이 복음 속에 하나님의 능력과 의가 나타났고(롬1:16-17), 그것은 아무 값없이 은혜로 주신 선물이라고 했다(엡2:8-9). 선물은 값없이 주는 것이기 때문에 선물이고, 값을 지불해야 한다면 매매 행위일 뿐이다. 우리의 행위와 노력으로 구원받고, 하나님의 축복을 누릴 수 있다면 그것은 절대 은혜가 될 수 없다.

둘째는 율법에 대한 오해이다. 성경은 단 한번도 우리가 율법의 행위로 구원을 받을 수 있다고 말씀하신 적이 없다. 율법을 통해 하나님이 원하시는 의의 기준과 인생이 따라야 하는 삶의 표준과 규범이 무엇인지를 가르치신 것은 분명하다. 그러나 하나님은 타락한 본성을 가진 인생은 스스로 율법을 지켜 완전할 수 없다는 것을 아시고, 그리스도께서 십자가에 죽으시고 부활함으로 그 율법을 완성하게 했다고 말씀하신다. 그래서 율법은 인간의 죄의 본성이 얼마나 악한 것임을 깨닫게 하시고 (롬3:20), 그래서 그리스도께로 나아가게 하는 교사와 같은 역할을 한다고 말씀하셨다(갈3:24).

　　셋째는 이 복음과 율법에 대한 오해에서 나오는 신앙 생활에 대한 오해이다. 신앙 생활은 그리스도께서 이루시고, 그 분이 우리에게 주신 모든 것을 누리는 것이다. 은혜로 주신 선물을 누리지 못하면 오히려 부담이 되고, 짐이 될 뿐이다. 그래서 "우리가 믿음으로 의롭다 하심을 받았으니 우리 주 예수 그리스도로 말미암아 하나님과 화평을 누리자"라고 말씀하신다(롬5:1). 이렇게 그리스도 안에서 하나님과 그 분이 주신 것을 누릴 때 우리의 삶이 행복해지고, 모든 것이 되어지는 축복을 누리게 된다. 인생도 되어지고, 전도도 되어지고, 목회도 되어지는 것을 체험하고 누리는 것이 신앙생활이다. 당연히 인생은 행복할 수 밖에 없다. 혹시 문제와 위기가 와도 하나님은 모든 것을 합력해 선을 이루신다고 했다(롬8:29). 그래서 항상 기뻐하고 쉬지 말고 기도하고, 범사에 감사하는 것이 하나님의 뜻이라고 말씀하신 것이다(살전5:16-18).

　　구원받고 하나님을 누리며 살 수 있는 신자들을 향해 성경은 "행복자"라고 말씀하신다(신33:29).

　　이렇게 그리스도 안에서 주신 축복을 깨닫고 누리는 삶이 훈련되지 않으면 우리는 평생 율법과 종교 생활에 묶여 살 수

밖에 없다. 그렇게 묶이고 눌리는 삶을 살다가 신자에게 죄의
식으로 시작되는 우울증도 오고, 일곱 귀신이 들어가는 영적
문제를 당하기도 한다(마12:43-45).

아침마다 멍에를 쓰고 맷돌을 돌리던 당나귀가 있었다고
한다. 전기가 들어오면서 당나귀는 더 이상 맷돌을 돌릴 필요
가 없게 되었다. 주인은 당나귀를 들판으로 데리고 가서 '이제
는 자유롭게 살아보라'고 하면서 궁둥이를 쳐서 보냈다고 한다.
그런데 당나귀는 당황하며 어찌 할 바를 모르다가 그 자리에서
계속 원을 그리며 돌았다고 한다. 이제부터 우리에게 해방과 자
유를 주신 복음의 진정한 의미를 깨닫고, 그 주신 축복을 누리
는 훈련을 새로 해야 한다.

복음 24시

크리스마스가 다가오고 있다. 우리 인생의 모든 문제를 해결하기 위해서 하나님의 아들이 그리스도로 오신 날을 기뻐하는 날이다. 천사들은 이 그리스도가 오신 소식을 전하면서 모든 사람들에게 큰 기쁨을 줄 "좋은 소식", 곧 "복음"이라고 했다 (눅2:10).

이 복음은 하나님이 우리에게 주신 최고의 선물이다. 그 속에는 모든 믿는 자를 구원하시는 하나님의 절대 능력이 담겨 있고(롬1:16), 모든 죄인을 위해 죽어주신 하나님의 절대 사랑이 담겨 있고(롬5:8), 이 땅에 고통을 가져다주는 어둠의 영인 마귀의 일을 멸하신 하나님의 절대 권세가 담겨있다(요일3:8). 누구든지 이 그리스도를 영접할 때에 허물과 죄로 가득한 우리가 하나님의 자녀가 되는 특권을 얻고(롬1:12), 그 분의 생명을 가진 자가 되고(롬6:23), 죄와 사망의 법에서 해방되어 성령에 속한 자가 된다(롬8:1-2). 이 축복을 가진 자들을 "그리스도의 영을 가진 자"라는 뜻인 "크리스챤"이라고 부르고(롬8:9), 그들은 하나님의 절대 사랑과 절대 영광을 영원히 누릴 자가 되는 것이다(롬 8:15-17).

이런 축복을 가진 자임에도 불구하고 그리스도인들은 여전히 상처와 염려와 갈등 속에 살아간다. 이런 것들이 오래 되면서 성격 장애, 우울증, 중독, 공황장애, 육신적인 질병까지 만들어낸다. 그 이유는 내 안에 오랫동안 내려진 잘못된 뿌리 때문이다.

지나온 삶 속에서 겪은 상처들이 뿌리를 내리고, 복음 보다는 판단하고 정죄하는 율법에 뿌리를 내리고, 내 기준과 세상 기준으로 문제를 보면서 염려, 걱정, 불안한 생각의 뿌리를 내린 것이 삶의 체질이 된 것이다. 하나님의 자녀가 된 우리를 멸망시킬 수 없는 사단은 이 오랫동안 뿌리 내려진 그 부분을 공격하면서 우리를 속이는 것이다(엡6:11).

"마귀의 간계를 능히 대적하기 위하여 하나님의 전신 갑주를 입으라"(엡6:11)

평상시에 복음의 말씀을 듣고 묵상하면서 그리스도께서 그의 십자가로 모든 문제를 끝냈다는 사실을 붙잡아야 한다(요 19:30). 그때 그리스도께서 성령으로 우리의 상한 심령을 치유하며, 스스로 붙잡힌 내 생각의 기준을 바꾸며, 모든 문제와 세상을 보는 눈을 바꾸어주신다(사61:1).

이 복음을 누리는 기도는 하나님의 깊은 것을 깨닫게 하고(렘33:2-3), 모든 것이 합력해서 선을 이루는 것을 체험하게 될 것이다(롬8:28). 복음은 내 마음과 생각을 감사로 바꾸게 만들고(빌 4:6-7), 악을 행하는 원수도 불쌍히 여길 수 있게 하신다(행7:60, 벧전3:9). 그래서 다윗은 내 입술의 모든 말과 내 마음의 묵상이 주께 열납 되기를 원한다고 했다(시19:14). 이 복음의 기준으로 생각하고, 판단하고, 누리는 삶이 곧 기도이며, 그것을 복음 24시라고 한다.

겨울이 오니 세상의 모든 나무들은 앙상한 가지만 드러낸다. 마치 죽은 듯한 그 나무들이 오히려 겨울을 통과하면서 깊이 뿌리를 내리는 것처럼 우리에게 오는 모든 문제들이 복음에 깊이 뿌리를 내리는 시간이다. 코로나로 어려운 지금이 복음에 깊이 뿌리를 내리고 깊은 치유를 체험하는 복음 24시를 훈련하는 기회이다.

2

그리스도인이 가는 길

영적 정체성부터
찾아 시작하라

　새해다. 누구도 가보지 못한 새로운 시간을 향해 간다. 모두 새로운 희망을 품고, 새로운 다짐을 하기도 한다. 이 새해를 어떻게 시작해야 할까? 내가 무엇인가를 하려고 하기 이전에 구원받은 내가 누구인가를 확인하고, 그 정체성을 누리는 만큼 하나님의 새 일이 시작될 것이다(사43:18-19).

　착하게 살고, 무엇인가를 열심히 해야 한다고 가르치는 것이 종교이다. 그래야 하늘의 복이 임할 것이라고 가르친다. 그러나 내가 무엇을 하려고 애쓰기 전에 하나님이 나를 위해 무슨 일을 하셨고, 무슨 축복을 이미 주셨는지를 깨닫고 누리리는 것이 중요하다(롬5:1).

　착하게 살고, 열심히 살려고 해도 내 마음대로 되지를 않기 때문이다. 아담 이후에 모든 인간은 전적 부패의 본성을 가지고 있기에(롬3:10), 스스로의 노력으로는 하나님의 영광에 이르지 못하게 되었다고 하신다(롬3:23). 더 중요한 것은 착하게 살고 열심히 살아도 이해할 수 없는 영적인 문제가 올 것이라고 말씀하신다(마12:44-45). 인생을 도적질하는 사단의 역사라고 말씀하신다(요10:10).

하나님은 이 문제를 해결하기 위해서 그 아들을 그리스도로 보내셨다. 그 그리스도 안에 있는 능력으로 우리를 구원하시고, 그 그리스도 안에 있는 의로 우리를 깨끗게 하신다고 말씀하신다. 이것을 복음이라고 한다(롬1:16-17). 이 그리스도를 영접한 자에게는 그리스도의 새 생명이 함께 하는 것이다(요5:24, 롬6:4).

그 생명은 우리 안에 심어진 "거룩한 씨"와 같다고 말씀하신다(사6:13). 육신의 DNA가 있듯이 하나님이 허락하시는 영적인 DNA이다. 이렇게 그리스도 안에서 새 생명을 가진 자에게 하나님 자녀로서의 권세도 주셨다(요1:12, 롬8:15).

성경은 하나님의 자녀가 누려야 할 일곱 가지의 특권을 말씀하신다. 성도가 기도와 삶 속에서 누려야 할 주신 축복이다. 성도에게는 성령이 함께 하신다(고전3:16). 성도의 매순간을 성령이 인도하신다(요14:16-18). 성도가 기도할 때 성령의 역사로 응답하신다(요14:13-14). 대통령의 자녀만 되어도 보안 요원이 붙어 보호하는 일들이 시작되듯이 천사를 동원하여 주의 자녀들을 도울 것이라고 했다(히1:14). 세상의 어둠의 권세와 싸워 이길 수 있는 권세를 주시고(눅10:19, 롬16:20), 하늘 배경을 누릴 수 있는 천국 시민권을 주셨다(빌3:20). 마지막으로 내가 누리는 이 축복을 간증하면서 모든 족속으로 제자를 삼는 세계 복음화의 증인으로 설 것을 약속하셨다(마28:18-20). 그리스도 안에서 하나님의 자녀로서의 이 특권을 누리는 것이 곧 신앙 생활이다. 성도들이 이 주어진 축복을 모르거나, 놓치기 때문에 세상과 사단에게 속고, 짓밟히고, 비웃음을 당하며 살아간다.

이솝 우화에 이런 이야기가 있다. 어느 농부가 독수리 알을 주워 닭장에 넣어 부화를 시켰다. 병아리들과 함께 살다보니 자신이 독수리라는 사실도 모른다. 병아리들은 이 독수리 새끼가 덩치가 크고 많이 먹는 것까지 조롱한다. 어느 날 하늘에 독수리가 날았을 때 병아리들은 도망을 치며 외친다. "빨리 도망쳐, 이 바보야, 저 새는 하늘의 제왕이라는 독수리라는 새인데, 너 같은 놈은 꿈도 못 꿔". 독수리 새끼는 "세상에는 저런 새도 있구나" 중얼거리면서 함께 도망간다. 자기의 정체성을 모르고 사니 이렇게 짓밟히며 산다는 교훈이다.

그리스도 안에서 새롭게 지음 받은 내가 누군지를 발견할 때 올해도 하나님이 준비하신 나의 것과 내가 살려야 할 나의 현장을 보는 축복을 계속 누리게 될 것이다.

참 이스라엘은
누구인가

유대인이라고 불리는 이스라엘 백성들처럼 영욕의 굴곡이 많은 백성이 없다. 먼저 택함 받아 하나님 백성으로 살면서도 애굽의 노예로, 바벨론의 포로로, 로마의 속국으로 살아간 기록이 성경에 있다. 결국 주후 70년 로마에 의해 멸망을 당하고, 1948년 5월 14일 〈이스라엘〉이라는 이름의 독립 국가로 서기까지 전 세계에 흩어진 유랑 민족으로 살아야만 했다. 히틀러 시대에 아우스비츠 수용소를 비롯한 여러 곳에서 비참한 학살의 비극을 경험하기도 한 민족이 이스라엘 백성들이다.

그 이스라엘 민족이 지금은 전 세계에게 가장 많은 인재를 배출하고, 이들이 세계와 특히 이 시대 미국을 움직이고 있다고 해도 과언이 아닌 정도이다. 금융, 언론, 법조계, 헐리우드까지 이들이 장악하고 있고, 4차 산업혁명 시대까지 주도해 가고 있다.

이 이스라엘 민족을 연구하고, 특히 그들의 후대 교육을 모델로 삼기 위해 수많은 도서들이 나왔다. 그들이 가진 선민 의식, 쉐마와 토라 교육, 탈무드를 사용한 지혜 교육, 회당 중심의 공동체 교육, 각자의 재능을 찾아주는 창의성 교육 및 토론 교육 등 참고해야 할 내용들이 많지만 그것이 이 시대를 사는 우리의 완전한 답이 될 수는 없다. 이들이 만들어낸 부와 성공과 힘으로는 끝없이 계속되는 이 땅의 타락과 각종의 정신 문제와 그 배후의 영적 문제를 해결할 수 없기 때문이다.

본래 〈이스라엘〉은 "하나님이 다스리신다"는 뜻으로 구원받은 모든 하나님 자녀들을 의미한다(롬11:25-27). 욕심과 인본주의로 인해 실패와 고난으로 살아온 야곱에게 그렇게 살 이유가 없는 선택된 언약의 백성임을 확인시켜 주면서 하나님이 주신 이름이다(창32:28).

야곱의 열두 아들 중에 하나인 요셉은 노예로 팔려가는 중에도 언약을 붙잡고 총리가 되어 애굽을 살리는 자로 쓰임을 받지만 그 언약을 놓친 후손들은 그 애굽의 노예로 살았다. 그들을 애굽에서 해방시켜 가나안으로 인도할 때 하나님은 다시 〈이스라엘〉의 언약을 확인시켜 주셨다. "이스라엘이여 너는 행복자로다 여호와의 구원을 너 같이 얻은 백성이 누구냐 그는

너를 돕는 방패시오 네 영광의 칼이시로다 네 대적이 네게 복
종하리니 네가 그들의 높은 곳을 밟으리로다"(신33:29).

"이스라엘이여 너는 행복자로다 여호와의 구원을 너 같이 얻은 백성이 누구냐 그
는 너를 돕는 방패시오 네 영광의 칼이시로다 네 대적이 네게 복종하리니 네가
그들의 높은 곳을 밟으리로다"(신33:29)

이 여호와의 구원을 이루기 위해 오신 분이 예수 그리스도
이시다. 그 그리스도 안에 있는 성도들은 그 분이 직접 지키시
고, 인도하시며, 이 땅의 모든 고통과 저주를 가져다주는 대적
마귀에게서 승리하게 될 것을 약속 받은 사람들이다.

구약의 이스라엘 백성이 이 언약을 놓칠 때는 실패와 고난
이 왔고, 성공을 해도 참 성공일 수가 없었다. 그러나 그 중에
도 이 오실 그리스도를 미리 보고 누리면서 그 시대의 증인으
로 살아간 남은 자들이 있다고 했다(롬9:27). 하나님은 이 시대
우리가 이 그리스도를 믿고 바라볼 때 땅끝까지 증인으로 서게
될 것을 약속하셨다(마28:18-20, 행1:8).

단지 육신의 혈통으로 난 자들이 아닌 그리스도 안에 있는
우리가 이 축복을 누릴 참 이스라엘이다(요1:13, 롬9:24-28).

언약의 여정을 가는
사람들

    온통 부정적인 소식들만 들려온다. 더 심각한 팬데믹이 오고, 경제 위기와 대량 실직 사태가 온다는 등의 소식들이 모두의 마음을 어둡게 한다. 이런 중에 위기를 기회로 삼는 사람들이 있고, 인내하며 기다리는 사람들도 있고, 낙심, 절망, 분노 속에서 우울증, 알콜 중독, 마약 중독, 정신 문제 등에 빠져 고통을 당하는 사람들도 있다.

    성경은 지금 세상에서 일어나는 모든 일이 주님이 다시 오시기 전까지 인간의 욕심과 어둠의 영적 권세들로 인해 오는 당연하고, 필연적이고, 절대적으로 일어나는 일이라고 말씀하신다. 그러나 결국은 복음이 모든 민족에게 전파된 뒤에야 끝이 올 것이라고 하셨다(마24:14).

그 속에서 하나님이 준비한 주의 백성의 길은 따로 있다고 약속하신다. 길이 다르기 때문에 받을 응답과 축복도 따로 준비되어 있다. 그 길을 위해 오신 분이 하나님의 아들이신 그리스도이시다(요14:6). 그리스도는 이 땅에 오셔서 십자가에서 인생이 겪는 모든 저주를 해결하시고, 하나님 만나는 길이 되어 주신 것이다.

그 그리스도와 함께 가는 길에는 하나님의 절대적인 약속이 있다. 그 약속을 붙잡고 가는 길을 〈언약의 여정〉이라고 한다.

그 여정은 구원받은 하나님의 백성을 향한 하나님의 절대 계획이고, 절대 축복이다.

첫째는 증인의 여정이다. 구원받고 하나님의 자녀 된 우리 인생 전체가 하나님의 증거가 되게 만드시겠다는 것이다(행1:8). 하나님 자녀가 어떤 환경과 상황에서도 낙심하고 흔들리지 않아야 할 이유이다. 그 절대 이유 때문에 하나님은 부족하고 연약한 우리와 영원히 함께 하실 것을 약속하신 것이다. 히브리서 11장에는 이 언약을 붙잡고 간 사람들이 절망과 불가능과 죽음의 위기 앞에서도 어떻게 그 시대의 증인으로 살았는지에 대한 증거들이 있다. 오히려 세상이 그들을 감당할 수가 없었다고 했다(히11:38).

둘째는 전도자의 여정이다. 우리를 증인으로 세우시는 하나님의 절대 계획이다. 사람들이 우리를 통해 하나님의 사랑과 능력을 보고, 그리스도께 나아와 구원받도록 만드시겠다는 것이다. 그래서 흑암 덮힌 이 땅에서 이미 내 안에 그리스도의 빛이 있는 것을 알고, 일어나 빛을 발하면 어둠에 고통을 당하는 후대들과 모든 민족과 왕들까지 돌아올 것이라고 하셨다(사60:1-5). 그래서 주님은 제자들과 모든 성도를 세상으로 파송하시면서 보좌의 권세와 시공간을 초월한 능력으로 함께 하실 것을 약속하셨다(마28:18-20, 막16:15-20).

셋째는 영원한 미래의 여정이다. 여행(Trip, Tour, Travel)이라는 단어와 여정(Journey)라는 단어에는 중요한 차이가 있다. 여정은 다시 돌아오지 않을 수 있는 먼 여행이고, 그래서 인생 전체를 향해 쓰는 단어이다. 우리에게 영원하고 완전한 미래가 있기에 다시 돌아올 이유도 없다. 하나님은 주의 백성들이 가는 길이 이 언약의 여정 속에 있음을 붙잡고 승리하기를 원하신다.

하나님의 작품으로

헬라어의 "작품"이란 단어는 "포이에마"이고, "창조하심을 받은 자"라는 뜻이다(엡2:10). 영어의 시(Poem)라는 단어도 여기서 나왔다. 인생은 시작부터 하나님의 최고 작품이었다. 그래서 하나님이 세상을 창조하실 때 "보시기에 좋았더라"고 했고, 인간을 창조하시고는 "심히 좋았더라"고 했다(창1:31).

"하나님이 지으신 그 모든 것을 보시니 보시기에 심히 좋았더라"(창1:31)

특히 하나님은 인간을 자기 형상대로 지으시고, 생육하고 번성하고 땅을 정복하고 다스리는 축복을 허락하셨다(창1:27-28). 하나님의 형상대로 지으셨기에 인간은 영원하고 무한한 능력을 가진 존재였다. 영원한 존재이기 때문에 영원한 생명도 있고, 영원한 심판도 있는 것이다. 무한한 능력을 잠재력이라고 한다. 그 능력이 자기 욕심을 채우고, 세상을 파괴하는 일에 사용되어 문제이지 참으로 엄청난 힘이다. 지금의 4차 산업혁명은 그것을 더욱 확인하게 한다. 그러나 더 중요한 것은 하나님은 우리 안에 그의 생기를 불어넣어 영혼이 되게 하시고(창2:7), 그 영혼으로 하나님과 교통을 하며 살 수 있도록 만드셨다.

사람이 이 축복을 누리지 못하면 적어도 세가지에 빠지게 된다. 첫째는 무능, 무기력에 빠진다. 실패를 반복하면서 내가 할 수 있는 것이 없다고 생각한다. 그것이 우울증, 중독, 피해망상, 자살까지 이르게 한다.

둘째는 육신적인 만족에만 빠진다(엡2:1-3). 영적으로는 죽은 자 같이 되어 세상의 즐거움과 육체의 욕심만을 따라 사나 만족이 없고 허무함 속에 살다 가야 한다.

셋째는 나름의 영적 세계를 추구하나 결국은 귀신을 체험하고 시달리는 삶이 된다. 뉴 에이지나 여러 단체에서 깊은 세계, 무의식의 세계, 초월적인 다른 세계를 체험해서 살도록 돕는다고 하나 사실은 아담 때부터 인간을 속인 귀신의 세계이다(창3:1-6, 마12:44-45).

하나님은 우리를 본래의 축복된 존재로 회복시키기 위해 그리스도를 보내셨다. 우리의 죄, 저주, 운명, 사단의 권세를 십자가에서 끝내시고(요19:30), 하나님 자녀로 삼아 하늘에 속한 모든 축복을 누릴 수 있도록 허락하셨다(엡1:3-5). 그것을 위해 그리스도를 믿는 자에게 성령으로 인을 치시고(엡1:12), 함께 하여 도우시고(요14:16-18), 은혜로 주시는 모든 깊은 것을 누릴 수 있도록 하신다(고전2:10-12).

그리스도 안에 있는 이 영적 축복을 누리며 우리가 하는 모든 것(학업, 기능, 산업)이 하나님의 영광이 드러나는 작품이 되도록 도전하면 된다. 작은 일을 해도 말씀과 기도 속에서 하나님 능력을 바라보는 나의 절대 믿음과 절대 헌신을 담으면 된다. 그때 하나님은 나와 내 가정과 자녀들의 아픔과 무능과 장애까지 그의 작품이 되게 하신다. 하나님은 노예로 팔려간 요셉도, 늙고 희망을 잃었던 모세도, 핍박자 바울도 시대를 살리는 작품이 되게 하셨다.

어둠의 영들은 우리 인생이 무너지도록 속이나 하나님은 그리스도 안에서 우리 인생을 최고의 작품으로 만들기를 원하신다.

세상을 바꿀 수 있는
한 사람

실패하는 사람들의 대부분은 한 사람의 존재를 가볍게 생각하고, 무시하면서 살아간다. 반대로 성공하는 사람들은 잠깐 만나고 대수롭게 보이지 않는 한 사람도 그 사람의 가능성과 미래를 보면서 관계를 만들어간다.

성경에 하나님은 한 사람의 생명과 영혼의 소중함을 강조하셨고(마16:26, 눅15:3-7), 한 사람을 살리고 세워서 세상을 바꾸고 시대를 살리셨다. 노예로 팔려간 요셉 한 사람을 살려 이집트라는 제국을 살리는 일을 하셨고, 도망자로 살던 모세 한 사람을 치유해서 이스라엘을 해방시키고, 교회를 훼방하고 핍박하던 바울 한 사람을 바꾸어 로마와 세계를 바꾸는 일을 하셨다. 그들은 단순한 한 사람이 아니었다. 유일한 사람이었고, 절대적인 사람이었다. 절대라는 단어는 하나님의 단어이다. 늘 변하고, 한계에 부딪히는 인간의 단어가 아니다.

하나님이 쓰신 사람들은 세가지 절대 속에 있었다. 먼저 그들은 하나님의 절대 사랑 속에 있었다. 모자라고 실패하는 사람들이었기에 그래서 하나님의 절대 사랑이 필요한 사람이었다. 그것이 복음의 시작이다(롬5:8, 요일4:10). 하나님은 우리가 이 하나님의 절대 사랑을 체험하고 살기를 원하신다.

그리고 그들은 하나님의 절대 방법 속에 있었다. 하나님이 세상의 미련하고, 지혜 없고, 연약한 자들을 택하여 아무 육체도 하나님 앞에 자랑하지 못하게 하려 하심이라고 하셨다(고전1:26-29). 많은 사람들이 스스로 대단한 줄 알고, 교만하다가 무너진다. 아담도 그렇게 사단에게 당했다(창3:5). 바벨탑의 저주가 그렇게 시작되었다(창11:4). 인생이 하나님 앞에서 부족한 자요, 부끄러운 자요, 그래서 그 분이 필요한 사실을 인정할 때 하나님은 당신의 방법으로 새로운 시작을 허락하신다.

마지막으로 그들은 하나님의 절대 능력 속에 있었다. 늘 약할 때 강하게 하시는 하나님의 능력을 체험한 사람들이다(고후12:9-10). 사람들의 눈에 다윗과 골리앗의 싸움은 불가능한 싸움이었다. 그러나 그 불가능의 싸움을 승리로 만든 것은 다윗에게 있었던 하나님의 절대 능력을 믿는 믿음이었다(삼상17:47).

이 능력을 누리는 한 다윗은 백번 싸워도 백번 이길 수 있는 사람이었다.

이 하나님의 절대 사랑, 절대 방법, 절대 능력을 누리면서 세상을 살리기 위해 쓰임받는 사람들을 "남은 자", "그루터기"(영어로 렘넌트)라고 부른다(사6:13). 하나님은 이 시대에도 그렇게 은혜로 구원받고 쓰임 받을 사람들을 남겨놓았다고 했다(롬11:4). 그들이 작은 자요, 한 사람이라 할지라도 하나님은 그 작은 자를 통해 천을 이루고 강국을 이루실 것이라고 했다(사60:22).

방탕과 방황 속에 살다가 회심하여 기독교 교리를 체계화한 교부로 쓰임 받은 성 어거스틴은 이런 고백을 했다.

"세상에 나 혼자 남아 있을지라도 하나님은 나 한 사람을 위해 그리스도를 보내주셨을 것이다".

누구든지 그리스도 안에 있으면 그 한 사람이 세상을 바꾸는 하나님의 계획이요, 방법이요, 비전이다.

3

영적 성숙

영적 성인식

유대인들은 13세가 되면 성인식을 한다. 히브리어로 "바르
미쯔바"라고 불리는 이 예식은 "언약의 아들"이라는 뜻이다. 유
일한 여호와 하나님께 대한 헌신과 함께 자녀를 세상의 리더로
키우고자 하는 예식이다.

성인식 당일에는 두루마리에 기록된 율법을 읽고 준비한 강
론을 하게 한다. 평생 여호와의 율법을 따라 살겠다는 결단이
다. 성인식이 끝난 이후에는 일 년간 성전과 회당이나 지역 공
동체에 가서 봉사 활동을 하며 하나님과 세상에 헌신하는 삶
을 배우게 한다. 이때 축하객들이 모아준 돈으로 투자도 하고
경제가 무엇인지를 배우게도 한다. 13세에 이런 준비를 하게 하
는 것만으로도 특별하다. 그 결과로 인해서 많은 유대인 인재

들이 나오고, 돈을 벌고 성공하면 세상에 기부하는 문화도 만들어졌을 것이다.

그러나 이들이 놓친 두가지 중요한 축복이 있다. 첫째는 인생의 어떤 노력과 선행으로도 해결할 수 없는 영적 문제를 해결하는 복음의 축복이고, 둘째는 이 복음으로 모든 사람을 살리는 전도와 선교의 축복이다.

복음은 하나님이 아들이신 그리스도를 보내어 인간과 세상이 가진 세가지 근본 저주를 해결하신 축복이다. 성경이 말하는 세가지 근본 저주는 원죄의 저주, 사단의 저주, 영원한 저주이다. 원죄의 저주는 첫 인생 아담이 사단의 유혹을 받아 범죄한 이후 모든 인생이 죄의 본성을 이어받고 죄의 저주 아래 놓인 상태를 의미한다(롬3:10, 롬5:12). 그 이후부터 사단이 인생과 세상 속에 역사하면서 어둠과 고통이 계속되는 상태가 사단의 저주이다(요8:44). 영원한 저주는 이 어둠의 영을 따라가다가 맞는 지옥 심판의 저주이다(마25:41).

"또 왼편에 있는 자들에게 이르시되 저주를 받은 자들아 나를 떠나 마귀와 그 사자들을 위하여 예비된 영원한 불에 들어가라"(마25:41)

그리스도는 이 모든 저주를 십자가에서 끝내셨고(요19:30),

누구든지 그 안에서 하나님의 자녀가 되어 하늘에 속한 영적 축복을 누릴 수 있게 하셨다(엡1:3-5). 더 나아가 그리스도를 통해 얻은 이 영적 축복을 가지고, 이 세가지 근본 저주 아래서 고통 받은 모든 민족과 나라를 살리는 자로 우리를 쓰기를 원하신다. 그것 때문에 제자들을 보내면서 하늘과 땅의 모든 권세로 함께 하실 것을 약속하셨고(마28:18-20), 땅끝까지 가서 증인이 될 수 밖에 없는 증거를 주실 것을 약속하셨다(행1:8)

이 축복을 누리도록 먼저 부름 받은 자들이 구약의 이스라엘인 유대인들이다. 하나님이 아브라함을 택하실 때 먼저 복의 근원이 되게 하시고, 그와 그 후손들로 인해 천하 만민이 복을 받도록 축복하셨다(창12:1-3). 아브라함은 오실 그리스도를 바라보며 믿음으로 이 축복을 누렸고(요8:56), 그가 들어간 가나안 땅의 모든 족속들까지 복을 받게 만들었다(창21:22-23). 이 축복을 놓칠 때 그 후대들은 오히려 세상의 노예, 포로, 속국이 되는 고통의 시간을 겪게 된 것이 성경에 기록되어 있다.

온 세상에 끝없는 저주와 고통이 계속되고 있다. 우리의 후대들이 이 그리스도 안에 있는 영적 축복을 누리고, 가서 모든 민족을 치유하고 살리는 참된 지도자로 서도록 돕는 영적 성인식이 너무도 절실하게 필요한 때이다.

하나님이 쓰시는 자들의
눈과 귀

무엇을 보고, 무엇을 듣느냐에 따라 우리의 생각과 판단을 결정하고, 그것이 우리의 행동을 만든다. 긍정적인 면보다는 부정적인 면을 보고, 주님을 바라보기 보다는 환경과 현실만 바라보고 있기에 우리는 종종 불신앙과 절망에 빠진다.

듣는 것도 마찬가지다. 에디슨은 어릴 때에 귀를 거의 듣지 못했다고 한다. 기차 안에서 뭔가를 실험하다 폭발되어 차창 밖으로 던져진 것이 원인이라고 한다. 그러나 훗날 에디슨은 뭔가를 잘 듣지 못한 것이 오히려 기도하면서 연구에 몰두할 수 있는 기회가 되었다고 고백했다. 우리는 남에 대한 루머와 비난과 쓸데없는 소리들을 너무 많이 들어 탈이다. "내 영혼이 은총 입어" "나의 갈길 다가도록" 등을 작시한 크로스비(F. J Crosby)는 어린 시절에 실명한 자매이다. 평생 보지 못하고 살았지만, 그 것이 오히려 축복이 되어 주님과 깊이 교통하면서 수많은 영감 있는 찬송을 지을 수가 있었다고 한다.

조금만 기도해보고 생각해보면 무엇이 하나님이 보여주고 듣게 해주는 것인지, 무엇이 날 불신앙에 빠지게 하는 소리인지 금방 분별이 된다. 이스라엘 백성들이 하나님이 약속한 땅 가나안을 향해 갈 때 모세는 열 두명의 정탐꾼을 먼저 보냈다. 그 들 중에 절대 다수인 열 명이 현실을 보고, 현실의 보고를 했다. 젖과 꿀이 흐르는 것은 맞으나, 자신들은 결코 거인과 같은 그들을 이길 수 없고, 스스로 보기에도 그들 앞에 메뚜기와 같은 존재라고 말했다. 분명히 현실적으로는 바른 소리를 했지만, 그것은 하나님의 약속을 멸시하는 불신앙의 소리가 되었다. 이 불신앙의 말이 전해질 때 백성들은 더 이상 전진할 힘을 잃어 버리고, 밤새도록 울며 자기들을 인도해 온 지도자 모세와 아론을 원망했다.

그 결과가 무엇이었는가? 불신앙의 소리를 전하고, 그 소리를 듣고 함께 시험과 원망에 빠진 모든 사람들은 하나님의 분노를 샀고, 40년간 광야에서 고생하다 생을 마쳐야만 했다.

하나님은 구원받은 자기 백성들에게 언약을 주셨다. 그리스도를 보내서 인생이 가지고 있는 모든 저주를 끝내신다는 구원의 언약이다. 그 언약이 십자가에서 성취되었다(요19:30).

누구든지 그리스도 안에 있는 자는 다시 문제가 와도 상관이 없다. 그 모든 것을 합력해서 선을 이루신다고 약속하셨다(롬8:28). 성령이 역사하시면 우리의 모든 문제도 증거가 되어 땅끝까지 이르러 증인이 되는 축복을 누리게 될 것이라고 약속하셨다(행1:8). 이 언약을 붙잡고, 나를 살리고, 세상을 살리는 것이 하나님의 절대 계획이다.

하나님이 왜 우리에게 두 귀를 주셨을까? 첫째는 두 귀로 하나님의 약속의 말씀을 집중해 들으라는 뜻이고, 둘째는 남의 말도 잘 들어주어 남의 입장을 이해하고 배려해주는 사람이 되라는 뜻이고, 세째는 듣고 버릴 말은 한쪽 귀로 듣고, 빨리 한쪽 귀로 버리라는 뜻이 아닌가 싶다.

무엇을 보고, 듣고, 전하느냐가 중요하다. 복음의 눈으로 보고, 복음의 소리를 전해야 한다. 믿음의 귀로 듣고, 믿음의 소리를 전해야 한다. 그래야 나도 살고, 세상을 살리는 자로 쓰여질 것이 분명하다.

불평을 감사로 바꿀 때

　선진국에서는 불평이 일반화 되어 있다. 자신의 불평을 정부 기관에 신고하면 반드시 응답을 주게 되어 있고, 이웃이 시끄럽다고 불평 신고를 해도 경찰은 출동하여 공권력을 발동하게 되어 있다. 사회 정의의 실현과 개인이나 약자의 사생활 보호(Privacy)라는 측면에서는 중요한 모습이기도 하지만, 그 내면 속에는 개인의 이기주의가 숨어 있는 것도 사실이다.

　가정에서든 교회에서든 사회에서든 불평하는 사람들에게는 나름대로의 이유가 있다. 그러나 크고 작은 일에 불평이 계속되고 습관화되면 내 마음 깊은 곳에 쓴 뿌리가 자리를 잡게 된다. 성경에는 구원받은 백성들이 이 불평 때문에 큰 실패를 한 일이 기록되어 있다. 400년 노예 생활에서 해방되고 약속의 땅을 가면서도 크고 작은 문제를 겪을 때마다 불평과 원망을 계속하다가 뱀에게 물려 많은 사람들이 죽고 고통을 겪었던 일을 상기시키면서 우리는 불평하고 원망하지 말고 살기를 권고하신다(고전10:10).

"그들 가운데 어떤 사람들이 원망하다가 멸망시키는 자에게 멸망하였나니 너희는 그들과 같이 원망하지 말라"(고전10:10)

흔히 모험서 정도로 알고 있는 다니엘 디포의 소설 "로빈슨 쿠루소"에는 파선을 당해 무인도에 떨어지고, 중병으로 죽음 직전까지 간 로빈슨 쿠루소의 믿음과 감사가 숨겨져 있다. 모든 것을 잃어버린 자리에서 부끄러웠던 과거를 돌아보면서 그래도 하나님께서 내게 살 수 있는 기회와 필요한 것들을 남겨주시고, 무엇보다도 중병으로 인해 죽음에 대한 두려움과 외로움속에 있었지만 그래서 하나님을 깊이 체험할 수 있었음을 감사한다. 내게 주어진 환경과 조건에서 어떻게 감사하며 인생을 승리하며 살 수 있는지를 생각하게 해준다.

보지 못하고, 듣지 못하고, 말하지 못하는 장애자였던 헬렌 켈러는 "사흘만 볼 수 있다면"이라는 글에서 이렇게 사흘을 보내고 싶다고 했다. 첫째 날에는 그동안 자신을 사랑해준 설리번 선생님과 모든 사람들을 만나 그 고마운 얼굴들을 마음껏

보고, 저녁에는 태양이 지는 아름다운 모습을 보며 기도하고 싶다고 했다. 둘째 날에는 새벽에 떠오르는 태양이 얼마나 아름다운 것이지를 보고, 미술관에 가서는 그동안 촉감으로만 느낀 예술품들을 보고 싶다고 했다. 셋째 날에는 자신이 살던 뉴욕의 도시 한복판에 가서 오가는 사람들의 얼굴 표정을 보고 싶고, 아이들이 뛰노는 공원에도 가보고 싶고, 진열된 상품들을 보면서 즐거움을 느끼고 싶다고 했다. 이 헬렌 켈러가 원했던 것은 우리가 쉽게 얻을 수 있고 경험할 수 있는 것들이다.

하나님은 모든 인생이 모든 죄와 저주와 운명과 지옥에서 해방 받고, 하나님의 사랑과 축복을 누릴 수 있도록 그리스도를 보내주셨고, 누구든지 그리스도를 영접하는 자들에게는 하나님의 자녀가 되어 하늘의 축복을 누릴 특권을 허락하셨다(요 1:12, 엡1:3-5). 여전히 세상에서는 문제와 갈등과 고통의 시간을 만나지만 하나님은 모든 것을 합력해 선을 이루실 것을 약속하신다(롬8:28). 이 약속을 붙잡고, 불평이 바뀌어 감사를 회복할 수 있다면 문제도 바뀌어 응답이 되고, 고통도 바뀌어 축복이 되는 것을 체험하게 될 것이다.

참된 감사를
회복할 수 있다면

  마음과 생각이 어떤 상태이냐에 따라 우리의 행동, 삶, 인간관계, 건강까지 좌우된다. 실제로 우리의 마음과 생각에 따라 뇌에서는 여러 호르몬이 나온다고 한다. 마음이 우울하고 화가 날 때는 세로토닌, 아드레날린, 코티졸 같은 호르몬이 나와서 우울한 감정이나 분노의 감정을 조절한다고 한다. 그런데 우울하고 화가 난 감정이 지속되어 아드레날린 같은 호르몬이 자주 또는 지나치게 나오게 되면 나중에는 아드레날린 중독증이 되어 늘 긴장하고 불안한 상태가 연속된다고 한다. 그러면서 성격은 자꾸 예민해지고 건강에도 문제가 온다는 것이다. 특히 우리 몸의 혈액 중에는 백혈구 내에 병의 저항력을 유지해주는 T임파구가 있는데, 아드레날린 같은 호르몬이 나올 때는 이 T임파구가 약화된다는 것이다. 그래서 우울함과 짜증과 분노가 지속되는 사람에게는 자주 병이 올 수 밖에 없다는 것이다.

최근에 발견된 호르몬 중에는 다이놀핀(Dynorphin)이라는 것이 있다. 엔돌핀이라는 호르몬이 암을 치료하고 통증을 해소하는 효과가 있다는 것은 이미 알려진 것이지만 이 다이놀핀의 효과는 엔돌핀의 4천배라는 사실이 발표되었다. 그런데 이 다이놀핀이 우리 몸에서 생성되는 시간이 특별하다. 사랑을 느끼고, 가슴 뭉클한 감동을 받거나 새로운 진리를 깨달았을 때와 특히 가슴 깊은 곳에서 감사를 느낄 때라고 한다.

낙심과 절망과 분노할 수 밖에 없는 일들이 가득한 세상 속에 살고 있지만 하나님은 우리의 모든 문제와 고통에서 빠져나올 수 있은 길을 열어주셨다. 그 길로 오신 분이 그리스도이시다(요14:6). 누구든지 이 그리스도를 영접한 자는 하나님의 자녀가 되는 특권을 주셨다고 했다(요1:12).

그 하나님 자녀는 망하고 실패할 수 밖에 없는 저주, 운명에서 해방되어(롬8:1-2), 하늘의 신령한 축복을 누리며(엡1:3-5), 기도할 때마다 응답을 받고(요16:24), 승리할 수 밖에 없는 사람들이다(고전15:57). 그 안에는 성령이 함께 하고(고전3:16), 성령은 그들의 삶을 인도하시고, 역사하신다고 약속하신다(요14:16-18). 이들에게는 어떤 것도 문제가 될 수 없다.

하나님은 이제 우리에게 "모든 지킬 만한 것보다 네 마음을 지키라 이는 생명의 근원이 이에서 남이니라"(잠언4:23)고 말씀하신다. 그리고 "아무 것도 염려하지 말고 오직 모든 일에 기도와 간구로 너희 구할 것을 감사함으로 아뢰라 그리하면 모든 지각에 뛰어난 하나님의 평강이 그리스도 예수 안에서 네 마음과 생각을 지키시리라"(빌4:6-7)고 약속하신다.

마음을 지키라는 말은 마음과 생각 속에 어두움과 절망, 불만족과 불신앙을 심어 우리의 평안과 기쁨, 감사를 **빼앗아가는** 악한 영들과 싸우는 것을 의미한다. 이 어둠의 영들의 일을 멸하기 위해 왕 중의 왕으로 오신 그리스도이시다(요일3:8).

"죄를 짓는 자는 마귀에게 속하나니 마귀는 처음부터 범죄함이라 하나님의 아들이 나타나신 것은 마귀의 일을 멸하려 하심이라"(요일3:8)

그러나 이 어둠의 영들과 싸우지 않고 이기는 최고의 비밀이 있다. 구원받을 것을 감사하고, 범사에 감사하며, 내가 당한 모든 문제까지도 합력해 선을 이루실 것을 감사하고, 나를 증인으로 세워 나 같은 사람을 살리며 세상을 살리기를 원하시는 하나님의 절대 계획을 감사할 때 우리는 환경, 현실에 상관없는 하나님의 절대 행복을 누리는 자가 될 것이다.

4

고
난
을
보
는

눈

나의 연약함을
체휼하시는 분

오 헨리의 "강도와 신경통"이란 단편소설이 있다. 한 밤중의 어느 집에 권총 강도가 들었다. 잠자는 주인을 깨우며 손을 들게 했다. 잠결에 깨어난 주인은 벌벌 떨면서 왼손을 겨우 들었다. 그러자 강도는 오른손도 마저 들라고 고함을 친다. 그래도 집 주인은 왼손만 조금 더 높이 들 뿐이었다. 강도는 또 다시 오른손 들라고 고함을 지른다. 그때 집 주인은 벌벌 떨면서 "미안하지만 오른 손은 신경통 때문에 들 수가 없습니다"라고 말한다. 그때 강도는 "신경통? 제기랄, 나도 신경통 때문에 이 짓을 하고 있는데"하고 말하면서 자리에 주저앉는다. 그 강도 역시 오른손이 마비가 되어 나가서 일을 할 수가 없었던 것이다. 그래서 지금까지 남의 집에 들어가 사람을 위협하고 강도짓을 해왔던 것이다. 강도는 그 신경통이란 말에 자기가 도둑질을 하기 위해 들어 왔다는 것조차 잊고, 신경통에 대해 이야기를 나누기 시작한다. 신경통의 고통을 어떻게 이기는지, 약은 무슨 약을 쓰는지 등등 이런 저런 얘기를 나누다가 새벽에야 서로 위로하고 멋쩍게 헤어진다는 내용이다.

문제와 실패 속에서 우울증에 빠지고, 그 고통에서 빠져 나오지 못하는 사람들의 가장 중요한 특징 중에 하나는 문제, 아픔 등에 대한 주관화, 개인화의 특징이 있다. 즉 자기만 이런 아픔과 실패를 겪고, 자기가 이 세상에서 제일 불쌍하고 혹은 가치없는 인생이라는 생각에 잡혀있다. 그런 사람들에게 '나만 아픔을 당하는 것이 아니고, 나 같은 사람 아니 나보다 더한 아픔을 가진 사람이 많다'는 사실을 깨닫게 하고, 내 문제 고통을 객관화시키고 일반화시킬 수 있도록 도와주기만 해도 용기와 위로를 얻게 된다. 특히 자기와 비슷한 문제를 겪고, 그 문제에서 빠져 나온 사람들의 경험을 듣는 것은 큰 도움이 되기도 한다.

하나님이 구원받은 자녀들에게 문제와 아픔을 허락하시는 이유 중에 하나도 이것이다. 문제를 통해 나의 믿음이 온전하도록 연단하시기도 하신다(약2:1-4).

숨겨있던 문제와 상처들을 드러내 치유하는 기회도 되게 하신다(눅22:31-32). 거기에 또다른 중요한 이유가 있다. 내 문제로 세상을 보며, 나같이 고통당하는 자들을 가슴으로 이해하고, 돕고, 살리라는 하나님의 계획이 숨겨져 있다(롬12:15-16). 실제로 아픔을 경험해 본 사람만 다른 사람의 아픔을 이해할 수 있게 된다. 그것은 단순한 동정심(Sympathy)이 아니고, 마음 깊은 곳에서 다른 사람의 고통을 이해하고 공감하는 감정(Empathy)이다.

하나님의 아들이신 예수 그리스도께서 인간의 몸을 입고, 이 땅에 오셔서 모든 고난을 당하신 이유가 이것이다. 그리스도는 하늘 보좌에 계시면서 우리를 구원하신 것이 아니다. 이 땅에 오셔서 스스로 낮아지시고, 인생이 당하는 가난, 배고픔, 외로움, 심지어는 사랑하는 제자들에게 배신을 당하고, 십자가의 멸시와 고통까지 당하면서 우리의 문제와 고통과 저주를 끝내셨다(요19:30). 그래서 히브리서 4:15에는 "우리의 대제사장이신 그리스도는 우리 연약함을 체휼(체험하고 불쌍히 여기는)하시는 하나님"이라고 말씀하신다.

누구든지 그리스도께로 나오면 그 아픔을 위로받고, 새로 시작할 수 있는 이유가 이것이다(고후5:17)

내 아픔 속에 담긴
하나님의 메시지

누구에게나 상처와 아픔들이 있다. 치유 받지 못한 채 방치해두면 평생 고통과 실패를 만드는 쓴 뿌리가 된다. 내가 당한 상처와 아픔 속에서 사람들은 세상을 원망하고, 하나님을 원망하기도 한다. 하나님이 살아계시면 왜 세상에는 문제가 이렇게 많고, 왜 나는 억울한 고통을 당해야 하고, 악한 일을 하는 자들은 그냥 내버려 두냐고 하나님을 원망하기도 한다.

그들 중에는 그 숨은 분노를 전혀 다른 시간에, 다른 장소에서, 다른 대상에게 쏟아내면서 극단적인 행동을 하기도 한다. 종로에서 뺨 맞고 한강에 가서 화풀이 하는 행동들이다. 소위 묻지마 살인과 사건을 벌이는 숨은 이유도 그것이다. 한때 대구 지하철에 이유없이 불을 질러 많은 인명 피해를 냈던 사건도 그런 어처구니 없는 분노의 표출이었다.

우리가 당하는 문제와 아픔 속에는 하나님의 메시지가 있다는 사실을 깨닫기만 해도 치유를 받을 수 있다. 더 나아가 세상을 치유하시고 살리는 자로 쓰임 받게 된다. 하나님은 그 문제와 아픔을 통해서 주의 백성들을 연단하고 성숙하게 만들기도 한다(약1:2-4). 그러나 성경이 말하는 답은 그 이상이다.

성경은 우리가 당하는 문제와 실패가 우리의 허물과 죄로 인해 오지만 더 근본적인 이유가 있음을 설명하고 있다. 그것이 첫 인생 아담에게서 시작된 원죄의 본성과 어둠의 영들의 역사이다. 첫 인생 아담과 하와가 타락할 때 그들을 유혹하고 무너지게 한 존재가 있었다. 옛 뱀이라고 불리며, 온 천하를 속이는 자라고 했다(계12:9). 그는 인생을 도적질하는 자라고 했다(요10:10). 도적은 우리가 착하고 열심히 사는 데 상관없이 도적질하고, 죽이고, 멸망시키는 짓을 하는 자들이다. 성경은 하나님의 아들이 오신 이유가 모든 죄를 해결하고, 모든 실패의 근원이 되는 이 마귀의 일을 멸하기 위해 오셨다고 했다(요일3:8).

"죄를 짓는 자는 마귀에게 속하나니 마귀는 처음부터 범죄함이라 하나님의 아들이 나타나신 것은 마귀의 일을 멸하려 하심이라"(요일3:8)

하나님은 내 문제를 통해 이 영적인 실체를 알기를 원하신다. 성경에 욥은 온전하고 정직하고 악에서 떠난 사람이었으나 이 영적인 실체를 알지 못하고 많은 어려움을 겪은 사람이다. 예수님의 제자였던 베드로는 주님을 위해 감옥도 가고 죽을 준비도 되었다고 고백한 사람이었다. 그런 베드로가 그 날 밤에 예수님을 부인하는 실패를 하게 된다. 예수님이 이 베드로에게 미리 주셨던 메시지가 있다. "사단이 널 밀 까부르듯 하기 위해서 내게 허락을 요청했으나 나는 네 믿음이 떨어지지 않기를 위해 기도했다. 그러나 네가 돌이킨 후에는 너 같은 사람을 굳게 하라"(눅22:31-32).

자신의 실패를 통해 영적인 눈을 뜬 베드로는 주님의 말씀대로 다시 일어나 자기처럼 실패한 많은 사람들을 살리는 사람으로 쓰임을 받게 된다. 나의 실패와 아픔도 그리스도께로 가지고 나오면 나 같은 사람을 가슴에 품고, 그들을 살리는 증인으로 쓰임을 받게 된다. 그것이 내 아픔 속에 담긴 하나님의 메시지이다.

절대 절망을
절대 희망으로

영화로도 만들어진 루마니아의 작가 게오르규의 "25시"라는 제목의 소설이 있다. 사랑하는 여인과 행복한 시간을 꿈꾸며 미국으로 가서 돈을 벌려고 했던 한 청년이 2차대전이 발발하면서 유대인으로 오해를 받아 수용소 생활이 시작되고, 나중에는 게르만인과 적성 루마니아인으로 몰리며, 끊임없이 모든 것이 뒤틀리면서 더 이상 희망을 발견할 수 없는 모습을 그린다. 작가는 물질 문명 속에 나타나는 인간성의 상실과 전쟁과 폐허를 그리면서 희망을 찾고자 몸부림치나 더 절망에 빠지는 서구 사회와 인간의 한계를 지적한다. 여기서 인간의 희망과 노력에 상관없이 계속 되는 절대 절망의 시간을 "25시"라고 불렀다.

사람들은 이 끊임없이 계속되는 절망에 대한 해답을 찾기 위해 여전히 애쓰고 있다. 테크놀리지의 힘을 빌어 해결해보려고 테크노피아(테크놀리지와 유토피아의 합성어)라는 단어도 만들어졌다. 뉴에이지를 중심으로는 명상운동, 또는 긍정이라는 자기암시를 통해서 해결해보려는 시도들도 계속되고 있다. 인간의 노력으로 절망의 시간이 바뀔 수가 있다면 얼마나 다행이겠는가?

인생의 고통과 절망이 어디서 시작되었는지에 대한 근본적 이유를 알지 못하면 올바른 해답을 얻을 수도 없다. 성경은 인생의 모든 문제가 하나님을 형상대로 지음 받아, 하나님과 함께 하며, 하나님의 축복을 누리던 인생이 하나님과의 관계가 분리되면서 시작되었음을 밝히고 있다(창3:16-19,엡2:1-3).

먼저 타락한 영적 존재인 사단에 의해 유혹을 받아 하나님을 불순종한 첫 인생 아담과 하와의 죄로 말미암아 저주와 사망이 이 땅에 왔음을 알려준다(롬5:12). 특히 그런 인생을 계속 유혹하고, 타락과 저주로 몰고 가는 존재인 사단에 대해 설명하고 있다. 성경은 저를 "도적"이라고 칭하며 죽이고 멸망시키러 온 존재라고 설명한다(요10:10). 도적은 누군가가 착하게 살고, 열심히 사는 것에 상관없이 그에게 악한 짓을 한다. 사람들은 하나님이 살아계시면 왜 착하게 사는 사람은 망하고, 악하게 사는 자들이 잘 되느냐고 묻는다. 이 일을 행하는 자는 하나님이 아니고, 그 도적, 악한 영의 역사이다.

이 인생의 근본 문제를 해결하기 위해서 하나님의 아들로 오신 분이 그리스도이시다. 그 분은 십자가에서 죽으심으로 우리의 모든 죄, 저주, 지옥에서 해방 받는 길을 열어주셨다(롬 8:1-2). 다시 부활하면서 그 사단의 머리를 밟으시고(창3:15, 고전 15:25), 그리스도를 믿는 자는 영원한 생명으로 함께 하실 것을 약속하셨다(요5:24).

이 그리스도가 함께 하실 때 인생이 당하는 모든 절망은 새로운 시작이 될 것을 말씀하신다(고후5:17). 세상의 누구도 죽음에서 부활한 사람이 없다. 그래서 그리스도는 하나님의 아들이라는 증거가 된다(롬1:4). 그래서 그 분만 인생의 모든 문제를 해결하실 수 있는 유일한 구원자가 되신다(행4:12).

"다른 이로써는 구원을 받을 수 없나니 천하 사람 중에 구원을 받을 만한 다른 이름을 우리에게 주신 일이 없음이라 하였더라"(행4:12)

훗날 성직자가 된 작가 게오르규는 절망의 시간에 비춰오는 한 줄기 빛에 관해 언급한다. 흑암이 덮인 세상에 빛으로 오실 그리스도를 암시한 것이리라. 인생과 세상을 창조하신 하나님, 죽음 속에서도 부활하신 그 분 안에 있을 때만이 절대 절망이 절대 희망으로 바뀌는 유일한 길이다.

마음을 연단하시는
하나님

신체 장애인의 심리를 연구해온 베논 레이(Benyon Ray)라는 이런 말을 했다. "아무도 장애 없이 성공하지 못한다. 모두가 장애 때문에 성공하지 못한다. 모든 사람은 장애 때문에 성공한다". 우리에게 문제와 고통이 올 때 그것을 대하는 자세에 따라 성공의 요인이 될 수도 있고, 실패의 요인이 될 수도 있다는 말이다.

하나님은 그리스도를 보내어 십자가의 죽으심과 부활을 통해 우리 인생 문제를 끝내시고(요19:30), 이제 그 하나님을 사랑하는 자녀들에게는 모든 것이 합력해서 선을 이룰 것을 약속하셨다(롬8:28). 이제는 하나님 자녀가 된 우리가 문제를 당할 때 어떤 마음 자세를 갖느냐에 따라 모든 것이 달라진다.

문제 때문에 계속 분노하고 절망할 때 우리의 마음은 한없이 황폐해지고, 그것은 사단의 도구가 되어 심각한 영적문제로 발전하기도 한다(행10:38). 그것이 문제를 가져다주는 악한 영들의 목적이다. 그러나 문제 속에서 기도하다가 하나님의 계획을 발견하고 기뻐하고 감사한다면(살전5:16-18), 그것은 인생 최고의 축복과 응답으로 바뀌게 된다.

형제들에게 팔려갔던 요셉의 고통은 오히려 자신의 가족과 세상을 살리는 기회가 되었다(창45:5-8). 모세는 자신의 실패와 광야 40년의 고통의 세월을 통해 400년 종살이하며 신음하던 이스라엘을 이해하고, 세상을 살릴 자로 쓰여질 수 있었고(출3:8), 다윗은 외로운 시간에 광야에서 자기와 같은 사람 400명을 만나 그들과 생명을 함께 할 수 있는 관계를 누릴 수가 있었다(삼상22:2).

바울은 어떠한가? 평생 육신의 질병으로 인해 고통을 당했지만, 그 속에서 더 크신 하나님의 은혜와 능력을 매일 체험하며 사는 기회가 될 수 있었다고 고백했고(고후12:7-10), 베드로는 자신의 실패의 아픔을 통해서 비로서 영적인 문제가 무엇인지를 알았고, 나중에는 자신과 같이 자들을 세우는 자로 쓰여질 수 있었다(눅22:31-32)

문제는 하나님의 숨겨진 계획을 보는 눈이다. 문제가 있다고 하나님의 능력이 약해지는 것이 아니고, 나를 향한 하나님의 사랑이 변한 것도 아니다. 어둠의 영들은 문제를 통해 내 마음을 흔들고, 불신앙에 빠지게 하고 심지어는 하나님의 존재까지 의심하게도 한다.

한 밤중의 호수가에 아름다운 달빛이 비취고 있었다. 그때 누군가가 그 달을 산산조각 내버리겠다고 돌멩이를 던졌다. 순간 호수가에 비쳐진 달은 이그러져 버린다. 과연 그렇다고 그 달이 정말 깨져버리고 만 것인가? 아니다. 다만 깨진 것은 연못 속에 비추어진 그림자일 뿐이다. 문제가 오면 물 위해 비췬 달이 깨지듯이 내 마음은 순간 이그러지고, 그때 나를 향한 하나님의 사랑과 계획과 능력은 다 무너지는 것처럼 느껴진다. 그때 우리는 하나님을 원망하고, 하던 기도도 중단하면서 하나님이 준비하신 중요한 축복을 놓치게 된다.

결국 우리의 마음이다. 그래서 "기도로 세계를 움직이라"란 글을 쓴 웨슬리 듀웰은 "사단의 주요 전쟁터는 바로 인간의 마음이다"라고 했다. 성경은 이렇게 말씀하신다. "도가니는 은을, 풀무는 금을 연단하거니와 여호와는 마음을 연단하시느니라"(잠언17:3). "마음을 강하게 하고 담대히 하라 두려워말며 놀라지 말라 내가 어디로 가든지 네 하나님 여호와가 너와 함께 하느니라"(수1:9)

풍랑이 하나님의
방법이다

코로나 팬데믹 중에도 전 세계에 크고 작은 전쟁의 소식과 함께 물가 상승과 인플레이션이라는 경제 위기의 경고가 계속 들려온다. 개인과 가정과 교회적으로 겪는 어려움도 있을 수 있다. 모든 것이 우리에게는 인생의 풍랑이다. 이런 어려움들은 지금 만의 문제가 아니고 이전에도 있었고, 마지막 때에 계속 더 심각하게 일어날 수 있다.

그러나 어떤 일을 당해도 성도는 낙심하고 두려워할 이유가 없다. 분명히 그리스도는 십자가에서 스스로 저주를 받으심으로 우리가 받을 저주를 끝내셨기 때문이다(요19:30, 롬8:1-39). "끝냈다"는 의미는 문제가 안 온다는 의미가 아니다. 어떤 문제의 풍랑이 와도 결코 망할 수 없고, 저주가 될 수 없다는 의미이다. 이 언약을 복음이라고 한다. 이 복음 안에 있다면 오히려 우리가 겪는 모든 문제들은 증거가 되어 나 같은 사람과 세상을 살리는 깊은 응답과 축복의 기회가 될 것이다(행1:8, 히12:1-2).

깊은 풍랑 속에서도 이 축복을 누린 대표적 인물이 있다(행 27:20-25). 한 때 교회를 핍박하는 자로 살았지만 그리스도를 만나 전도자가 되었고, 그 시대 강대국 로마에 복음을 전하기 위해 로마 군대의 호송 아래 스스로 죄수의 신분으로 간 바울이다. 이 바울이 탄 배가 풍랑을 만났고, 하나님은 천사를 보내어 바울과 함께 그 배에 탄 사람들의 생명이 안전할 것을 약속하신다.

여기서 바울은 적어도 세가지 응답을 체험하게 된다.

첫째는 바울의 내면 속에 있는 두려움에 대한 치유였다. 아무리 주의 종이요 전도자라도 고난을 계속 당하다 보면 숨겨진 상처들이 생길 수 있다. 무의식 중에 남아 외로움, 우울증, 공황장애, 성격장애, 중독 같은 문제로 발전하기도 한다. 바울도 연약하고 두려움에 빠질 때가 있었던 사람이다(고전2:3). 로마에 가서는 더 큰 핍박이 올 수 있다. 그래서 바울이 만난 풍랑은 로마로 가기 전에 미리 겪게 하시고, 미리 준비시키신 영적 백신이 되었을 것이 분명하다.

둘째는 그 배에 탄 로마의 장군과 군인들에게 복음을 전하는 절대 기회가 된다. 바울을 통해 답을 얻고, 그대로 성취된 것을 본 이들이 로마에서도 전도의 문이 되었을 것이 분명하다. 이것을 관계 전도라고 한다.

셋째는 결국 이 풍랑은 전도자가 하나님의 증거를 얻는 시간이 된다. "나는 하나님이 내게 약속한 그대로 되리라고 하나님을 믿노라"고 담대히 고백한 그 믿음대로 증거가 된 것이다. 바울이 탄 그 배는 어느 섬에 안전히 당도하고, 그 섬의 추장의 아버지가 바울의 기도로 열병에서 치유되는 역사가 일어난다.

로마의 장군과 군사들이 바울을 통해 일어난 그 하나님의 역사를 생생히 보았을 것이다. 역사에 의하면 이 추장이 이때 그리스도를 만나게 되고, 그 지역에 교회가 세워져 그 추장이 영적 지도자가 되었다고 한다. 결국 한 섬의 운명을 바꾼 것이다.

그 바울이 도착했던 섬이 지중해에서 가장 아름답고, 신혼여행지로 유명한 〈몰타〉섬이다. 네플릭스에서 인기를 끈 〈빈센조〉라는 드라마에 등장해 젊은이들에게 더 익숙해진 섬이다. 풍랑을 하나님의 절대 방법으로 쓰신 이 멋있는 하나님의 흔적을 느끼기 위해서라도 한번 가보고 싶은 여행지이다.

절대 위기에서 도전하는
사람들

　20세기의 세상을 바꾼 토마스 에디슨이 한 명언 중에 "천재는 99%의 노력과 1%의 영감으로 만들어진다"는 말이 있다. 포기하지 말고 계속 노력하라는 의미도 있겠지만 사실은 1%의 영감을 강조한 말이다. 자신은 다른 사람이 가지지 않은 1%의 영감이 있었고, 그 영감의 원천은 기도라고 했다.

　실패에 좌절하지 않으면서 그 1%의 영감을 얻기 위해 수많은 시간을 하나님께 기도한 사람이 에디슨이다. 84세에 하나님께 부름받기까지 열정적으로 일하는 에디슨을 보고 그 비결이 무엇이냐고 물었을 때는 "그것은 영원한 세계를 준비하신 하나님을 향한 믿음 때문이라"고 했다고 한다.

　가나안 정복의 주역이었던 갈렙은 그의 나이 85세에 모든 백성들이 두려워하고 정복하기를 주저했던 헤브론 땅을 선택한 사람이다. 모세가 가나안 정탐을 위해 12명의 대표를 보냈을 때 절대 다수인 10명이 그 땅은 견고하고 그 사람들은 거인들과 같아서 절대 정복할 수 없는 땅이라고 보고를 해서 전 이스라엘이 절망했던 땅이었다. 그러나 하나님의 절대 계획을 붙잡고 믿음의 헌신을 한 결과로 그 땅은 마침내 정복된다.

그 갈렙의 후손으로 오는 다윗을 통해 왕국의 역사가 그 곳에서 시작되고(삼하2:1-3), 그 땅에 위치한 베들레헴에 약속하신 그리스도가 오시게 된다. 절대 위기인 것 같은 시간에 하는 믿음의 선택과 도전이 하나님의 절대 계획을 이루고, 후대들에게 절대 축복의 발판을 만들어준 것이다.

어떻게 85세의 노인에게 이런 믿음의 선택과 도전이 가능했을까? 세상에서는 이런 삶의 자세를 열정이라고 하고, 영적으로는 믿음이라고 한다. 두가지 모두 우리가 오직 하나님 안에 있을 때 누릴 수 있는 축복이다. 열정(enthusiasm)이라는 영어 단어는 헬라어의 두 단어가 합쳐진 단어이다. 앞의 "en"은 영어의 "in"이라는 전치사이고, 뒤의 "thusiasm"은 헬라어의 "Theos" 곧 영어의 "God"이라는 단어에서 나온 것이다. "In God", 하나님 안에 있을 때 그 분이 주시는 것이 열정이라는 뜻이다.

믿음도 위로부터 오는 것을 의미한다. 내 기준과 수준에서 나오는 것은 나의 신념이지만 매순간 한계와 절망과 영적 문제에 부딪혀 무너질 수 있는 것이 인간의 신념이다. 믿음은 나를 넘어 하나님께로부터 오는 절대 축복이요 은혜의 선물이다(엡 2:8).

하나님은 그리스도 안에서 구원 받은 자녀들에게 그의 성령을 부어주어 어린 아이도 미래를 보고, 노인들도 꿈을 꾸고, 젊은이들이 하나님의 비전을 보게 될 것이라고 약속하셨다(욜 2:18). 그 언약이 성취된 것이 마가 다락방에 임한 성령의 역사이다. 하나님은 이 시대에도 택하신 주의 백성들의 마음에 하나님이 기뻐하시는 것을 소원으로 담게 하시고, 그것을 행하게 하신다고 약속하셨다(빌2:13).

하나님은 가장 어려운 것 같은 시간에 누구도 가지 않고 그래서 버려지고 빈 곳이 된 자리에서 우리가 하나님의 역사를 만들어 가기를 원하신다.

겨울에 피는 꽃

　버지니아에만 30년을 살면서도 시간이 나면 가보리라고 미루어두었던 미주 최대 수목원인 필라델피아 롱우드 가든을 다녀올 기회가 있었다. 한국 여의도의 절반 크기인 1,050에이커의 땅에 아름답게 만들어진 롱우드 가든은 1700년에 퀘이커교도였던 피어스 형제가 시작하여 1906년 듀퐁사와 제너럴 모터스사의 회장이었던 피에르 듀퐁이 매입하여 롱우드 가든으로 이름을 바꾸었다고 한다.

　코로나로 인해 방문객은 별로 없었지만 유명한 분수쇼와 함께 크리스마스 튜리들이 나무들과 어우러진 모습들은 아주 특별한 아름다움이었다. 겨울의 꽃 중에 유명한 것은 한국의 동백꽃, 군자란, 수선화, 매화, 복수초, 게발선인장이고, 그 중에 각종 통증 치료에도 좋다는 서향이라는 꽃은 그 향기가 천리를 간다고 해서 천리향이라고도 한다.

겨울이 되어야 아름답게 피는 꽃들이 있는 것처럼 인생의 가장 고통스런 시간에 아름다운 작품들을 만든 인물들이 역사와 성경 속에 많이 있다. 망명하며 사형 선고까지 받았던 단테는 그 시간에 대서사시 〈신곡〉를 발표하였고, 40대에 실명을 한 존 밀턴은 딸의 도움을 받아 〈실낙원〉을 발표했고, 영국 국교회의 핍박으로 12년간 감옥 생활을 한 존 번연은 거기서 〈천로역정〉을 집필했다.

성경에 하나님이 쓰신 인물들은 각자의 아픈 시간들을 통과하면서 하나님과의 깊은 관계를 누리며 영성을 키웠고, 그 속에서 누린 힘과 증거를 가지고 시대의 작품을 남기고, 세상을 살리는 자들로 쓰임 받았다. 이들을 "하나님이 남겨놓은 자"라는 뜻인 〈렘넌트〉라고 부른다(사6:13, 사49:6).

요셉은 노예로 팔려가 끝나는 인생인 줄 알았지만 애굽을 살리는 하나님의 절대 계획 속에 〈남은 자〉였다(창45:5-8). 악한 영에게 사로잡힌 사울 왕에게 수없이 죽을 뻔 했던 다윗은 하나님의 절대 능력 속에서 〈남는 자〉였다(시62:1-8). 아합 왕의 거짓 선지자들과 치열한 영적 싸움을 하던 엘리야는 자기 혼자만 남은 줄 알고 죽기를 구했지만 하나님의 절대 은혜 속에 〈남을 자〉 7천명이 있음을 알게 된다.

성경은 이 시대에도 그렇게 은혜로 남을 자들이 있다고 말씀하신다(롬11:4-4). 많은 환난을 당하지만 끝까지 믿음을 지키고 승리할 십사만사천명의 숫자도 끝까지 〈남을 자〉인 성도들을 의미한다(계7:1-14). 이단의 누명을 쓰고 흩어진 초대 교회 성도들은 전 세계에 복음의 증거를 가진 또다른 렘넌트를 세우는 〈남길 자〉로 쓰임 받은 자들이었다(행11:19-21).

예수님이 모든 아픔을 체험하시고 우리를 연약함을 불쌍히 여기신 것처럼(히4:15), 하나님의 사람들은 각자의 아픔으로 세상의 아픔을 품고, 거기서 하나님의 약속을 붙잡고, 세상을 살리는 증인들이 된 것이다.

이렇게 산 사람들의 삶은 하나님이 이끄시는 여정, 곧 언약의 여정, 렘넌트의 여정이 되었고, 흑암이 덮인 시대에 그리스도의 빛을 밝히는 자들이요, 위로와 용기를 주는 꽃과 향기들처럼 되었다. 그래서 성경은 이 하나님의 사람들을 향해 그리스도의 대사요(고후5:20), 향기(고후2:15)라고 말씀하신다.

"우리는 구원 받는 자들에게나 망하는 자들에게나 하나님 앞에서 그리스도의 향기니"(고후2:15)

5

참된 행복과 하나님 나라

행복찾기

유유상종이라고 한다. 그래서 행복한 사람들은 행복한 사람들끼리 어울리는 것이 익숙하다. 행복한 사람들이 모인 곳에는 행복할 수 밖에 없는 흐름이 있다. 마치 행복 바이러스가 있어 퍼져 나가는 것 같다.

정신과 의사가 펴낸 "감정은 습관이다"라는 책이 있다. "왜 어떤 사람은 늘 행복하고 어떤 사람은 늘 불행한가"라고 질문하면서 뇌는 좋은 감정보다 익숙한 감정을 선호한다는 말을 한다. 뇌는 나에게 필요한 것을 선택하는 것이 아니라 평소에 익숙했던 것을 선택한다고 한다. 그래서 우울한 사람은 늘 우울한 생각을 선택하는 것이 습관화된 것이고, 행복한 사람은 늘 행복한 생각을 선택하고 습관화시킨 결과라고 강조한다. 심지어 뇌는 습관화된 감정을 더 확대하고 강화한다고 한다. 행복이란 감정이 습관화된 사람은 작은 행복도 그것을 더 확대해서 느끼도록 만든다는 것이다. 동감이 되는 이론이나 그것이 마음대로 되지 않는다.

거기에는 또다른 영적인 이유가 있기 때문이다. 인간이 행복하게 사는 것이 원래의 하나님의 계획이었다.

그래서 세상을 아름답게 지으시고, 그 세상에서 행복을 누릴 수 있도록 인간은 마지막에 창조하셨다. 하나님의 형상으로 지으시고 축복하면서 세상 속에서 생육하고 번성하고 땅에 충만하고 정복하고 다스릴 수 있도록 허락하셨다(창1:26-28).

"하나님이 이르시되 우리의 형상을 따라 우리의 모양대로 우리가 사람을 만들고 그들로 바다의 물고기와 하늘의 새와 가축과 3)온 땅과 땅에 기는 모든 것을 다스리게 하자 하시고 하나님이 자기 형상 곧 하나님의 형상대로 사람을 창조하시되 남자와 여자를 창조하시고 하나님이 그들에게 복을 주시며 하나님이 그들에게 이르시되 생육하고 번성하여 땅에 충만하라, 땅을 정복하라, 바다의 물고기와 하늘의 새와 땅에 움직이는 모든 생물을 다스리라 하시니라"(창1:26-28)

에덴 동산을 지어 하나님을 만나게 하시고, 거기서 행복을 누리게 하셨다. 그 곳에서는 부부 사이에도 행복이 있었다. "뼈 중의 뼈요 살 중에 살이라"고 고백할 정도였다. 그러나 거기에 뼈아픈 사건이 벌어진다. 먼저 창조되었으나 타락한 사단의 영에게 속지마라고 선악과를 만들어 경계를 주셨으나 인간은 결국 유혹에 속아 욕심과 죄와 저주에 빠지고, 하나님이 주시는 행복을 잃어버리게 된다(창3:1-24).

그러나 하나님은 자기 형상대로 지어진 인생을 포기하지 않으시고, 모든 행복을 회복하는 길을 열어주셨다. 인간 스스로 해결할 수 없기에 하나님의 아들을 여인의 후손으로(창3:15), 처녀의 몸을 통해 보내실 것을 약속하셨다(사7:14). 그렇게 오신 그리스도는 십자가에 죽으시고 부활하면서 모든 인생이 죄와 저주와 사단의 권세에서 해방되고, 새 생명을 얻는 길을 열어주셨다. 그래서 그리스도는 "내가 곧 길이요 진리요 생명이라"고 말씀하신 것이다(요14:6).

이제 누구든지 이 그리스도를 영접하는 자는 하나님 자녀가 되는 축복을 회복하고(요1:12), 그 분이 주시는 새 생명을 얻고(롬6:4), 더 풍성히 누리게 하신다(요10:10). 그리고 이 풍성한 생명과 행복을 실제로 누릴 수 있도록 돕기 위해 모든 믿는 자에게 성령으로 함께 하실 것을 약속하셨다. 그 성령이 내 마음과 생각을 다스려주실 때 내 안에는 하나님이 주시는 의와 평강과 기쁨이 임할 것이고, 그 행복이 있는 상태가 영원한 천국에 가기 전에 이 땅에서 누려야 할 하나님 나라라고 말씀하신다(롬15:17).

이 성령의 도우심을 받으면 비로서 행복을 느끼는 훈련도 가능하다. 그 때에 성도들이 애창하는 찬송가인 〈내 영혼이 은총 입어〉의 내용대로 "내 영혼이 은총 입어 중한 죄짐 벗고 보니 슬픔 많은 이 세상도 천국으로 화하도다. 높은 산과 거친 들과 초막이나 궁궐이나 내 주 예수 모신 곳이 그 어디나 하늘나라"라는 고백이 터져 나온다. 하나님은 모든 인생이 그리스도 안에서 이 참된 행복을 찾고, 고통 가득한 세상에서도 이 행복을 누리기를 원하신다.

행복 꿈꾸기

많은 자기 개발서들이 나와 있다. 공통적인 내용은 성공을 위해 꿈을 만들고 생생한 이미지 트레이닝을 하면 그것은 반드시 현실화된다는 것이다. "R(실현realization)=VD(생생한 이미지 Vivid Dream)라는 공식까지 만들어 생생하게 꿈을 꾸면 할 일이 보이고, 그것은 반드시 이루어진다고 외친다.

양자 물리학의 원리까지 등장시켜 인간의 생각은 우주에 가득한 양자들을 움직이고, 그것은 내가 꿈꾸는 물질의 형태로 전환된다고 강조한다. 이런 사상들이 설교자들을 통해 나오기도 한다. "너는 할 수 있다", "꿈은 이루어진다"를 외치면서 요셉이 꾼 꿈을, 에스겔이 꾼 꿈을 예로 들기도 한다. 사람들이 꿈을 꾸고 생각하는 대로 모든 것이 된다면 얼마나 좋겠는가?

오히려 이런교회가 파산을 하고, 일부 지도자들은 우울증과 자살에까지 이르고 있다.

인간이 행복의 꿈을 꾸는 것은 인간만이 가진 특권일 것이다. 문제는 그 꿈이 내게로부터 나온 것이냐 아니면 내 인생을 창조하시고 구원하시고 축복하실 수 있는 하나님께로부터 나온 것이냐의 차이다. 내게서 나온 꿈은 나의 상처와 욕심에서 나온 야망과 신념이고, 하나님께로 나온 것은 나를 향한 하나님의 영원하고 절대적인 계획을 약속으로 주신 언약이다. 하나님은 처음부터 인간을 하나님의 형상대로 지으시고, 인간으로 하여금 세상을 정복하고 다스릴 수 있도록 축복의 약속을 주셨다(창1:26-28). 이것을 첫 언약이라고 한다.

그러나 첫 인생 아담과 하와가 마귀의 유혹과 스스로의 욕심에 속아 범죄하면서 이 언약은 깨지고, 인간에게는 근본 저주가 시작되었다(호6:7, 롬5:12, 창3:1-19). 인간에게 타락의 본성이 자리 잡으면서 착하게 살고 열심히 살고 싶지만 그것이 마음대로 되지를 않는다(롬3:10). 여자는 해산하는 고통의 저주에 빠지게 되었다. 인생을 눈물과 고통으로 시작한다는 의미이다. 남자는 땀을 흘리며 고생해야 겨우 먹고 사는 저주 속에 빠지게 되었다. 땅도 저주를 받아서 가시덤불과 엉겅퀴가 나올 것이라고 했다. 열심히 사는데도 노력한 만큼 뭔가가 이루어지지 않는 이유다.

특히 첫 인간을 유혹한 사단은 지금도 계속 인간의 행복을 도적질하고 있다고 말씀하신다(요10:10). 도적은 누군가가 착하게 살고 열심히 사는데 상관없이 도적질을 한다. 그래서 착하게 살고, 열심히 살아도 이해할 수 없는 문제, 고통, 저주, 재난이 계속되는 것이다.

하나님은 인생이 이런 저주 속에 살기를 원하지 않았기 때문에 회복의 언약인 그리스도의 언약을 주신다. 그리스도가 인생을 대신하여 죽으심으로 새 생명과 새 인생이 시작되게 하시는 새 언약이다(고전11:25).

누구든지 이 그리스도의 언약(Covenant) 속에 있는 사람들은 하나님이 준비한 행복을 미리 보게 하시고(Vision), 나 같은 사람까지 살리는 행복한 꿈을 꾸게 하시며(Dream), 우리 안에 그 행복의 구체적인 그림을 그려주시며(Image), 그것을 도전하고 실천할 수 있도록 성령으로 도우신다(Practice). 그때 우리가 아무리 보잘 것 없는 일을 해도 하나님은 그것으로 세상을 살리는 재창조의 역사를 만드신다(욜2:28, 행1:8).

이 다섯 단어의 영어 첫 자를 따서 하나님의 CVDIP 라고 부른다. 참된 행복을 꿈꾸고 이루는 하나님의 비밀이다.

이 시대의 에덴은
어디에 있을까

인간에게는 세가지 본능이 있다고 한다. 첫째는 하나님을 찾는 본능이다. 이것을 "영원을 향한 본능"이라고 한다(전3:11). 둘째는 선을 향한 본능이다. 양심이라고 한다. 하나님의 형상대로 지음 받은 인간 속에 있었으나 인간이 타락함으로 무너져버린 본능이다(롬3:10). 세 번째의 본능은 완전한 행복을 향한 본능이다. 누구나 행복하고 싶어한다. 고통과 저주가 없는 평안과 풍요와 안식이 있는 삶을 원한다. 에덴의 본능이라고 한다. 이 에덴은 하나님이 만들어 인간에게 허락했던 장소이고, 인간은 거기서 참된 행복을 누렸다(창2:8-18).

세상에서는 하나님이 직접 만드시고 허락하신 이 에덴동산(창2:8-18)을 하나의 이상적인 세계라고만 한다.

1516년 영국의 토마스 모어는 "유토피아"라는 소설에서 가상적인 한 섬을 이상적인 정치 체제를 가진 가장 완전한 행복이 있는 곳으로 그렸으나 실상 그 섬의 이름인 "유토피아"라는 의미는 "어디에도 없는 장소"라는 뜻이었다.

19세기에 마르크스와 20세기의 레닌은 공산주의를 외치면서 자신들이 지상 낙원을 만들겠다고 했으나 그 공산주의는 무너지고 있다. 이제 사람들은 테크놀리지를 통해 인간의 완벽한 행복을 만들 수 있다고 하며 테크노피아라는 단어를 만들었다. 과연 그렇게 되고 있는가? 4차 산업 혁명 시대를 맞아 인공지능과 유전자 복제에 집착하고 있는 이 시대에는 아예 인간이 필요 없을지도 모른다.

도대체 완전한 행복의 자리인 에덴은 어디에 있을까? 성경은 이 에덴의 축복이 그리스도께서 다시 오실 때 완벽하게 회복되는 날이 올 것을 약속했다. 그것이 요한계시록 21-22장에 나타나는 새 하늘과 새 땅에 임하는 새 예루살렘 성의 축복이다. 새 예루살렘 성은 단순한 성이 아니다. 신랑을 위해 단장한 신부의 모습처럼 환난을 통과하면서 가장 순결하고 영광스럽게 준비된 구원받은 하나님이 백성들을 의미한다. 그들 가운데 하나님이 함께 하시고, 그들을 하나님이 직접 다스리시며, 참된 행복, 영원한 행복이 계속 되는 것을 의미한다. 이것은 인간이 타락하면서 잃어버린 에덴에서의 영원하고 완전한 축복이 회복 되는 것을 의미한다.

하나님은 구원받은 우리가 매순간 하나님을 나의 하나님으로 인정하고, 그 분의 다스림을 받기를 원하신다. 에덴에 선악과나무와 생명나무를 두신 이유는 하나님을 하나님으로 인정하겠다는 언약의 징표였다(호6:7). 첫 인생이 타락한 영에 속아 이 언약을 깨면서 이제 사람들은 하나님의 다스림을 거부하고, 자기 기준과 욕심 속에 사는 인생에 익숙해졌다. 그 결과로 세상의 고통은 깊어지고 있다.

사람들은 다스림을 받는다는 의미를 힘을 가진 누군가에게 억압을 당하는 것으로 오해한다. 하나님의 다스림을 받는 것은 자기 아들을 내어 주시기까지 우리를 사랑하신 하나님의 보호하심과 인도하심과 축복하심을 누리는 삶을 의미한다. 끝없는 재앙이 계속되는 이때에 하나님 만나는 길이 되신 그리스도를 나의 주로 영접하고, 그 분의 다스림을 받기만 하면 된다. 찬송가의 고백처럼 "내 주 예수 모신 곳이 그 어디나 하늘나라"요, 완전한 행복의 장소인 "에덴"이 될 수 있다.

하나님 나라를
미러링하기

　　스마트 기기에서 보는 콘텐트를 TV이나 다른 컴퓨터에서 볼
수 있도록 화면을 공유하는 것을 "거울로 본다"는 뜻의 "미러
링"이라고 한다. 원래 하드디스크에 저장하는 자료를 다른 기억
장치에 같이 복사한다는 뜻이었지만 온라인 회의나 강의, 성경
공부에서 화면을 공유하는 이 미러링은 꼭 필요하고 중요한 기
능이 되었다.

　　심리학에서 이 미러링은 주로 어린 아이들이 무의식적인 모
방 행위를 하는 것을 의미한다. 발달 주기상 3세 이전의 아이
들이 이 모방기를 거치면서 정서와 습관이 발전하기 때문에 이
때에 부모들이 보여주는 심리적 상태나 행동들이 중요하다고
한다. 사회 심리학에서는 모방 범죄나 내가 누군가를 통해 받

은 상처나 피해를 상대방에게 비슷하게 갚아주는 일종의 복수 행동도 미러링의 오용, 또는 악용으로 본다.

코로나 판데믹으로 인해 가족들이 집에 있어야 하는 지금 같은 시기에는 이런 미러링의 긍정적인 기능을 활용할 수 있어야 한다. 그래서 가족끼리 서로의 좋은 점들을 나누고, 공유하기도 하고, 각자의 입장에서 이해하고 공감해주는 훈련이 많이 필요하다. 이런 것을 훈련하지 못하면 가족끼리 모여 있는 시간이 오히려 갈등을 만들고, 그것이 상처가 되어 가족관의 관계를 단절하게 하는 일도 발생하기 때문이다.

예를 들어 집에 머무는 시간에 남편과 아내가 서로 다른 관심과 욕구로 인해 갈등이 생길 수 있다. 아내는 나가서 공원을 산책하든지 운동이라도 해서 시간을 활용하고 싶은 데, 남편은 집에서 드라마나 영화를 보면서 쉬는 것이 재충전이라고 생각 할 수 있다. 이때 각자의 것만 고집하다 보면 "저 사람은 왜 항상 자기가 원하는 것만 하려고 하지?", "자기만 옳고 항상 나는 잘못되었다는 건가?" 하면서 다툼이 되기도 한다. 만일 이때 아내가 남편이 보는 드라마에 관심을 보여주면서 재미있어 하는 내용이나 주인공 얘기도 들어주고 공감해주다가 "이따가 저녁 먹고 나서 시간나면 공원이라고 같이 갈까"라고 하면 남편은 마음을 열고 아내가 원하는 일에 같이 나설 수가 있게 된다는 것이다. 이것을 상대방의 관심을 내 것으로 비추어보는 미러링이라고 한다.

영적으로도 미러링은 중요하다. 성경의 인물들이 겪었던 문제나 그 속에서 누린 응답과 증거들을 나에게 미러링해서 그 시대 그들에게 역사하신 하나님이 나의 하나님이시고, 지금 내게 같은 증거를 주실 것을 믿고 누리는 삶이다(고전10:11).

"그들에게 일어난 이런 일은 본보기가 되고 또한 말세를 만난 우리를 깨우치기 위하여 기록되었느니라"(고전10:11)

그것은 단순히 생각을 바꾸는 차원이 아니다. 하나님은 우리 인생 모든 문제를 해결하기 위해 그리스도를 보내셨고, 그 그리스도는 우리를 위해 죽으시고 부활하셔서 지금 하늘 보좌 우편에서 아버지의 뜻을 따라 성령으로 구원받은 하나님의 백성을 다스리기 때문이다. 그 분이 나를 다스리는 상태를 "하나님의 나라"라고 한다. 성도에게는 이미 그 하나님의 나라가 지금 내 안에 있고(막17:21, 롬14:17), 그때 여러 문제와 고통을 주는 어둠의 영들의 역사가 무너지는 것을 체험하게 된다(마12:28).

영원한 천국의 배경과 축복을 지금 이 땅과 내 안에서 누리는 삶, 그것이 참된 축복이고, 영적인 미러링이다.

하나님 나라의
써밋들

미국이 G7 국가의 써밋(Summit) 회의에 한국 대통령을 초청한다는 소식이 있었다. 세계 속에서 대한민국의 위상이 많이 달라진 것을 실감하게 한다. 이렇게 국가를 대표하는 지도자들을 "산꼭대기 정상"이란 뜻에서 온 "써밋"이라고 한다.

하나님은 그리스도 안에서 구원받은 성도를 세상을 다스리고 치유할 "왕 같은 제사장이요 거룩한 나라"라고 부르신다(벧전2:9). 이것이 구원받은 모든 성도들이 누려야 하는 영적 써밋의 신분이요 권세이다.

성경에는 세 나라가 이 땅에 공존하고 있다고 하신다. 먼저는 사단의 나라이다. 그 나라의 임금 노릇을 하는 자는 사단이다(요14:30). 이 사단은 타락한 영들을 사용해 세상에 고통을 주고, 사람들을 어둠에 빠지게 하는 자이다. 이 사단은 이미 심판을 받았고(요16:11), 영원한 심판을 받게 될 것이다(마25:41).

그 다음은 세상의 나라이다. 이 나라의 통치자들이 어둠의 영에 사로잡히면 절대 권력자가 되어 많은 사람들을 고통으로 이끌게 된다(엡6:12). 특히 시대마다 일어나는 강대국들의 배후에 어둠의 영들이 역사하면 그 힘으로 온 세상의 정치와 경제와 영적인 흐름까지 장악하게 될 것을 성경은 경고하고 있다(계18:1-3).

마지막은 그리스도 안에서 구원받은 성도들이 누려야 할 하나님의 나라이다. 성삼위 하나님이 다스리시고, 하늘 보좌의 배경과 권세와 능력이 성도들의 삶에 나타나는 상태를 의미한다. 하나님은 우리가 영원한 나라로 들어가기 전에 이 축복으로 세상을 살리시기를 원하신다. 그것을 전도와 선교라고 한다.

그것 때문에 예수님은 승천하시기 전까지 제자들에게 40일간 이 하나님 나라에 대해서 가르치시고(행1:3), 그들이 땅 끝까지 가서 그 나라의 증인이 될 것을 약속하셨다(행1:8). 하나님이 주셨고, 성취하셔야 할 절대 언약이다.

구원받은 자가 내 안에 성령이 함께 하심을 알고, 계속 그 성령의 다스림을 받는 상태가 내 안에 임한 하나님의 나라이다(눅17:21). 이때 성도는 노예였던 요셉이 누린 〈영적 써밋〉의 축복을 누리게 된다. 애굽의 왕이 요셉의 지혜를 보면서 이같이 하나님의 신에 충만한 자를 어떻게 얻겠냐고 하면서 그를 총리로 임명하게 된다(창41:38).

하나님은 그 성령의 역사를 내가 하는 모든 학업, 일에서 누리기를 원하신다. 그래서 "먼저 그의 나라와 의를 구하면 모든 것을 더하실 것이라"(마6:33)고 약속 하셨다. 그때 오는 축복이 〈전문성(기능)의 써밋〉이다. 악기를 연주하는데 사울 왕을 괴롭히던 악신이 떠나고(삼상16:23), 아버지의 양을 지키기 위해 훈련한 돌팔매가 골리앗을 무릎 꿇게 만든 것이 그 축복이다(삼상17:47).

하나님은 이제 우리가 가는 모든 현장에서 이 하나님 나라를 누리기를 원하신다. 내 삶의 현장에 영적 흐름이 바뀌는 것을 의미한다(마12:28). 집사 빌립이 사마리아에 들어가 그리스도를 전할 때 귀신이 나가고 그 성에 큰 기쁨이 있었던 것과 같다(행8:4-8). 이들을 〈문화 써밋〉이라고 한다.

성경은 이 하나님 나라의 축복 속에 있는 성도를 하나님 나라를 대표하는 대사라고도 불렀다(고후5:20). 재앙 가득한 이 시대에 성도는 〈영적 써밋〉, 〈기능써밋〉, 〈문화 써밋〉의 축복을 누릴 수 있다.

광야에서 드린 감사절

코로나 판데믹으로 인해서 모두가 가장 어려운 시간에 맞은 추수감사절이다. 가족들도 모이기 어렵고, 감사절 만찬도 어려운 상황이나 그래서 올해의 추수감사절은 더 하나님 앞에 의미 있는 날이 될 것이라는 생각을 한다.

이스라엘이 첫 번째 추수감사절로 지킨 초막절기도 황무한 땅인 광야를 지날 때에 지켜졌고, 필그림 파더스라고 불리는 미국의 첫 이민자들이 드린 추수감사 예배도 그렇게 시작했기 때문이다.

이 땅에 도착한 이후 절반이 추위와 배고픔 속에 죽었고, 하나님의 은혜로 남은 사람들이 눈물로 첫 감사예배를 드린 것이다. 이 믿음의 감사 위에서 미국이 하나님의 축복 속에 세워진 것은 역사적인 사실이다. 그래서 "God Bless America"는 단순한 구호가 아닌 신앙 고백이다.

성경에 이 추수감사절은 열매를 거두어 창고에 들인다고 해서 수장절이라고 불렀고, 세상에서의 우리 인생이 초막을 짓고 사는 것과 같이 임시적이라는 것을 기억하도록 초막절이라고도 불렀다.

구원받은 하나님의 백성들의 인생은 분명히 하나님의 열매이고(요15:1-2), 작품이다(롬8:28). 하나님이 그리스도 안에서 우리 안에 영원한 생명을 심었고, 허물 많은 우리를 치유하고 인도해서 반드시 세상과 후대 앞에 증인으로 세우실 것을 약속하셨다(행1:8).

그렇게 해서 가야 할 목적지는 영원한 하나님의 나라이다. 그리스도가 다시 오셔서 영원한 왕으로 다스릴 새 하늘과 새 땅이다(계21:1-4). 다시는 눈물과 고통이 없고, 영원한 생명과 행복을 누리며 살 시간이 온다는 것이다. 그래서 보물을 하늘에 쌓고, 위엣 것을 바라보라고 말씀하신다. 이 절기에 아픔 당한 자들과 나그네들을 불러 함께 하라고 한 것은 그들도 이 영원한 축복 속에 동참하도록 만들라는 뜻이다.

그렇게 살다가는 인생을 여정이라고 한다. 언약을 주시고 그 언약을 성취하시는 하나님과 함께 가는 "언약의 여정"이고, 사람을 살리는 "전도자의 여정"이고, 존 번연의 〈천로역정〉에서 그린"순례자의 여정"이다.

이 초막절을 지킬 때는 "하나님께서 네 손으로 행하는 모든 일에 복 주실 것을 인하여 즐거워하라"고 하셨다(신16:14-15). 어려운 시간에서도 하나님이 준비하신 것을 미리 보고, 미리 붙잡고, 미리 누리고, 미리 체험하며, 미리 도전하라는 뜻이다. 그것이 믿음이다(히11:1-2).

"믿음은 바라는 것들의 실상이요 보이지 않는 것들의 증거니 선진들이 이로써 증거를 얻었느니라"(히11:1-2)

이때는"하나님이 주신 복을 따라 힘대로 드리라"고 하셨다(신16:16-17). 믿음이 열매인 감사를 가르친 것이다. 은혜를 받고도 불평으로 사는 인생은 결국 황폐해지고, 영적 문제를 당하게 된다(민21:4-6). 그러나 믿음의 감사를 회복할 때는 어둠의 영들이 무너지고, 모든 문제와 고통은 하나님의 절대 축복이 된다(빌4:6-7).

40대에 실명한 존 밀턴은 "육의 눈은 잃었지만 오히려 영의 눈을 뜨게 되어 감사한다"고 고백했다. 그런 믿음의 감사 위에서 불후의 서사시"실락원"이 나오게 된다.

가장 어려운 시간인 지금이 가장 깊은 믿음과 감사를 회복할 수 있는 기회이다.

나를
살리
라

내 안에 만들어져야
하는 집

톨스토이의 단편 소설 중에 "재난의 원인"이라는 작품이 있다. 담장을 사이에 두고 사이좋은 두 집이 있었다. 어느 날 닭 한 마리가 건너 집에 가서 알을 낳고 왔다. 닭 주인의 아이가 그것을 보고, 그 집 아이에게 우리 닭이 너희 집에 계란을 낳았으니 달라고 했다. 그 집 아이는 계란이 없다고 했고, 결국 아이들끼리 싸움이 붙었다. 이것을 보고 엄마들끼리도 싸움이 났고, 나중에는 아버지들끼리도 싸움이 난다. 한 쪽 아버지가 홧김에 다른 쪽 집에 불을 질러 버리고, 바람이 불자 두 집 모두에 불이 붙어 다 타버리고 만다. 양쪽 가족이 잿더미에 앉아 별을 쳐다보며 각자 반성을 하면서 끝나는 내용이다. 무엇을 말하려고 했을까?

세상에는 자연적인 재난, 전쟁의 재난, 인간 관계의 갈등과 다툼으로 인한 재난 등이 끝없이 계속되고 있다. 모든 재난의 근원으로 들어가 보면 인간의 욕심과 불신과 상처난 자존심과 교만이 원인이 되고, 그것이 영적 문제로 발전하여 치명적인 일들이 벌어지게 된다. 성경은 이 모든 문제들이 타락한 영인 사단에게 속아 하나님을 버리고 자기 중심(창3:5), 육신 중심(창6:3), 성공 중심(창11:4)으로 살고자 하는 욕심에 빠지면서 시작되었고, 마지막 때까지 계속될 것임을 경고하고 있다.

성경에 야곱이라는 인물이 있다. 쌍둥이로 태어날 때 형의 발꿈치를 잡고 나왔다고 해서 그 아버지는 "야곱"("발꿈치를 잡다")이라는 이름을 지어주었다. 이 야곱은 훗날 형의 모습으로 변장을 해서 형이 받아야 할 장자의 축복을 가로채고, 아버지와 형의 분노를 피해 오랜 세월 고난의 삶을 살았던 사람이다. 욕심으로 가득하고, 그 욕심을 채우기 위해서는 무엇이라도 할 수 있는 인간의 모습을 대표하는 모습이다.

그러나 사실 야곱은 그렇게 살 필요가 없던 사람이었다. 하나님은 모태에 있을 때에 이미 그를 향한 절대 계획을 가지시고 있었기 때문이다. 아버지와 형을 속이고 도망가는 시간에도 하나님이 찾아오셔서 "네가 누운 땅을 네게 주고, 너와 네 후손으로 인해서 땅의 모든 족속이 복을 받을 것이며, 그 일이 다

이루기까지 결단코 너를 떠나지 않을 것이라"는 절대 언약을 주신다(창28:13-15).

그러나 깨닫지 못하는 야곱은 많은 실패의 시간을 겪게 되고, 결국 쌓아온 모든 것을 잃어버려야 하는 위기에서 그 언약의 하나님을 기억하게 된다. 그 곳에서 야곱은 자기를 향한 하나님의 절대 사랑과 절대 계획을 다시 확인하고, 모든 재난은 끝이 난다. 그때 야곱은 이스라엘("하나님의 다스림을 받는다")이라는 이름을 얻게 되고, 그 곳을 벧엘("하나님의 집")이라고 부르게 된다.

하나님은 우리를 치유해서 세상을 치유하기를 원하신다. 그래서 영세 전에 우리를 택하시고(엡1:3-5), 우리가 그 분의 다스림과 능력 속에 있기를 원하신다(행1:8). 이 하나님의 절대 계획을 놓치고 자기 욕심과 상처로 만들어 놓은 집에 갇혀 살던 야곱의 내면에 하나님의 집이 만들어진 것처럼 하나님은 내 안에도 그 벧엘이 만들어지기를 원하신다.

광야를 걷게 하시는 이유

　　성경은 온 세상에 어둠이 덮고(사10:1-2), 마지막 때에는 모든 사람들이 고통 하는 때가 올 것이라고 했다(딤후3:1). 그 어둠을 움직이는 영들의 표를 받지 않으면 매매 행위도 금지되는 시간이 올 것이라고 했다(계13:17-18). 어떤 형태로든 심각한 경제 문제까지 올 것을 경고한 것이기도 하다.

　　그러나 하나님은 우리에게 절대 언약을 약속하셨다. 그 아들을 그리스도로 보내시고, 그 그리스도 안에서 구원받은 자를 성령으로 인치시고(엡1:14), 그 인침 받은 자들은 보호하시고(계7:3-4), 인도하시며(계14:4), 직접 대적들과 싸워 승리하게 하실 것을 약속하셨다(계17:14). 성경은 이 언약 속에 있는 자들을 향해 "남은 자"(사6:13), "숨겨둔 자"(롬11:4-5), "흩어진 자"(행11:19)라고 불렀다.

이들을 통해 고통하는 세상을 치유하고, 살리고, 영원한 나라를 준비하게 하심이다. 이 언약을 가진 하나님의 백성들이 위기를 당할 때에 반드시 붙잡을 결론이 있다. 하나님은 모든 것을 합력해 선을 이루시고(롬8:28), 모든 것을 증거로 바꾸어 증인으로 세우신다는 것이다(행1:8). 이스라엘 백성들이 광야를 지나갈 때 하나님이 그 광야를 허락하신 이유를 이렇게 말씀하셨다. "이는 다 너를 낮추시며, 너를 시험하사 마침내 네게 복을 주려 하심이었느니라"(신8:16).

"네 조상들도 알지 못하던 만나를 광야에서 네게 먹이셨나니 이는 다 너를 낮추시며 너를 시험하사 마침내 네게 복을 주려 하심이었느니라"(신8:16)

코로나 판데믹과 여러 재앙이 계속되면서 인간의 무능력을 보며 우리는 좌절을 경험하고 있을지도 모른다. 그나마 있던 믿음까지도 무너지는 신자들이 생길지도 모른다. 분명히 그것이 하나님의 뜻은 아니다. 참으로 모든 것을 치유하고 새롭게 시작할 수 있는 시스템을 만드는 기회로 만들어야 한다.

오히려 육신과 세상을 위해 바쁘게만 살던 우리가 모든 것을 멈추고 있는 이 시간에 하나님을 깊이 바라보는 기도는 강한 영적 시스템을 만들어줄 것이다. 우리의 속사람 곧 내면이 강해지는 축복을 체험하게 될 것이다. 그 때에 하나님은 우리의 기도와 생각하는 것에 넘치도록 역사하실 것을 약속하셨다 (엡3:13-20).

그래서 올바른 생각, 하나님이 기뻐하는 생각을 가지고 사는 것은 너무 중요하다. 이번 기회에 우리의 삶의 루틴을 바꾸어 건강의 시스템도 만들어야 한다. 이 코로나가 독감처럼 인류가 늘 함께 하고 살아야 하는 질병이 될 것이라는 보고가 계속 나오고 있다. 결국은 우리 몸에 어떠한 바이러스도 이길 수 있는 강한 면역 시스템을 만드는 길 밖에 없다.

노화와 유전자 분야의 세계 최고의 권위자인 하바드 대학의 데이빗 싱클레어 교수는 "노화의 종말"이라는 책에서 노화도 치료 가능한 질병일 뿐이라고 강조한다. 그가 말하는 장수 유전자를 찾아내 활성화시키는 연구는 과학자들이 할 일이다. 이번 기회에 우리가 먹는 음식을 내 몸을 살리는 음식으로 바꾸고, 땀을 흘리는 유산소 운동과 깊은 호흡을 훈련해야 한다. 코로나로 모든 것이 멈춘 시간이 나의 모든 것을 새롭게 하는 기회이다.

역발상

    세상이 어려울 때는 남이 못 보는 것을 보고, 남이 생각하지 못하는 것을 생각할 수 있는 능력이 있어야 한다. 거기에 꼭 필요한 것이 역발상하는 능력이다.

    추위에 익숙한 러시아 사람들에게 에어컨을 수출해 성공하고, 더위에 익숙한 중동이나 아프리카 사람들에게 난로를 판매해 성공한 기업들은 역발상으로 성공한 모델이다. 아프리카에 의료 선교를 갔을 때 우리에게는 가을 날씨 정도인데, 그 날씨에도 아프리카 사람들은 저체온증으로 죽는 사람이 많다는 사실을 알았다. 그래서 난로를 파는 것이 가능했을 것이다.

    모두 비가 새지 않는 신발을 고민할 때 오히려 신발에 구멍을 내서 빗물에 젖어도 통풍이 잘 되고 빨리 마르게 하여 대박을 낸 신발도 있다. 태풍이 불어 90%의 사과가 떨어져 위기를 맞았지만 그 중에 남은 10%가 태풍에도 떨어지지 않은 행운의 사과라는 점을 홍보해서 10배 이상의 가격으로 판매한 사례도 있다.

골프공은 흰색이라는 고정 관념을 깨고, 오히려 여러 색깔의 볼을 만들어 골프공 시장의 판도를 바꾼 기업도 있다. 이렇게 역발상을 하려면 기존의 상식이나 고정 관념을 깨야 한다. 그것을 위해서 사람이 필요로 하는 것에 대한 근본적이고 깊은 통찰이 필요하다.

누구보다도 인간을 깊이 아시는 분은 하나님이시다(요2:25).

"또 사람에 대하여 누구의 증언도 받으실 필요가 없었으니 이는 그가 친히 사람의 속에 있는 것을 아셨음이니라"(요2:25)

우리의 근본적인 필요를 먼저 아시고, 채워주시고, 축복하시기를 원하신다. 그래서 허락해 주신 것이 십자가의 복음이다.

십자가는 로마 시대에 가장 악한 죄인들을 처형하는 방법이다. 그래서 사람들에게 십자가는 수치스러운 것이었다. 그러나 하나님은 그 십자가를 통해서 모든 인생이 구원받는 길을 여셨다. 하나님의 아들이 십자가에서 처절한 수치와 고통 속에서 죽게 함으로 그 십자가 앞에서는 용서 받지 못할 죄인이 없도록 만드신 것이다. 바울은 이 십자가의 도가 유대인들과 이방인에게는 부끄러운 것이나 구원 받은 백성들에게는 하나님의 능력이요 지혜라고 했다(고전2:18-24). 이 그리스도의 십자가로 인생의 모든 저주를 끝내고, 부족한 우리를 증인으로 세워 세상을 치유하고, 살리고, 축복하기를 원하신 것은 하나님의 역발상이다.

그렇게 구원받은 하나님의 백성들은 세상에서 당하는 문제와 위기가 하나님의 숨은 사랑과 계획임을 깨닫고, 그 속에서 그 분의 능력을 깊이 체험하는 기회가 되도록 역발상을 해야 한다(렘33:1-3). 형제들에 의해 노예로 팔려간 요셉은 그 속에서 자기와 함께 하시는 하나님을 깊이 체험하면서 애굽의 왕에게 답을 주고, 애굽을 살리는 써밋의 자리에 서게 된다. 훗날 요셉은 자기 앞에 무릎을 꿇은 형제들에게 자기를 이곳으로 판 사람들은 형들이 아니고, 모두를 살리고자 했던 하나님의 계획이었다고 고백한다(창45:5-8).

요셉이 하나님의 뜻을 미리 알고, 하나님의 기준으로 문제를 해석하는 영적 역발상을 하지 못했다면 평생 분노와 원망의 삶을 사는 패배자가 되었을지도 모를 일이다. 하나님은 구원받은 백성들이 하나님의 절대 계획을 미리 보고, 미리 누리고, 미리 체험하며, 세상을 살리는 영적 역발상의 삶을 살기를 원하신다.

성도에게는 먹는 것도
예배다

코로나 백신 접종이 계속되면서 사람들이 안도의 숨을 쉬는 것 같다. 그러나 백신의 효과가 6개월 정도이고, 변종 바이러스가 생기면 새로운 백신이 필요할지 모른다고도 한다.

결국 각자가 평상시에 건강을 만들고 특히 면역력을 키우는 길 밖에 없다. 면역력을 키우는데 중요한 것이 깊은 호흡을 통해 몸에 충분한 산소를 공급하는 것과 함께 지속적인 운동과 충분한 휴식, 면역력에 도움을 주는 음식을 먹는 것이다.

이스라엘 백성이 광야를 지나갈 때 성막과 예배와 절기를 통해 하나님과의 관계에서 오는 영적인 힘으로 모든 것을 극복해야 할 것을 가르치셨다. 음식을 먹으면서 하나님과 소통하며 하나님 백성의 공동체 의식도 심어주셨다. 대표적으로 유월절에 양의 피를 온 집안에 바르고, 그 양의 고기를 쓴 나물과 무교병과 함께 먹게 하신 것이다.

오직 그리스도의 피로만 우리가 죄와 저주와 흑암의 권세에서 해방되는 대속의 축복과 그 안에서 우리가 하나님의 가족이 되는 공동체의 축복을 알려주신 것이다. 이 유월절 만찬이 그리스도의 성만찬으로 발전하고, 초대 교회가 모일 때마다 성찬식과 함께 음식을 나눈 것도 같은 이유이다(행2:46-47).

아울러 하나님은 광야 가는 동안에도 질병이 올 때는 어떻게 환자를 격리하고 관리해야 하는지 구체적으로 말씀해주셨다. 심지어 먹는 음식에 대해서도 구체적인 메시지들을 주셨다. 특히 짐승이나 어류 중에서 먹어야 할 것과 먹지 말아야 할 것을 구별해주셨는데, 그 속에 영적인 의미와 함께 보건 체계나 의약품이 없는 상황에서 건강을 지킬 수 있는 최선의 지혜를 담아준 것이다.

예를 들어 짐승 중에는 되새김질을 하고, 굽이 있고 갈라진 것만을 먹으라고 했다. 이들이 하나님께 제물로 드려지기도 했지만 되새김질하는 짐승이 건강하고, 발굽은 짐승을 오염된 지면과 세균으로부터 보호해주는 역할을 하기 때문이라고 해석하기도 한다. 비늘을 가진 물고기를 먹으라고 한 이유도 비늘이 바다의 짠물과 오염으로부터 보호해주기 때문이라고 한다.

우리가 먹는 음식이 중요한 다른 이유는 내가 가진 건강 상태를 고스란히 후대에게 물려주기 때문이다. 오래 전에 한 방송국의 다큐멘터리 중에 "내가 먹는 음식이 삼대까지 간다"라는 프로그램이 방영된 적이 있다. 그 내용 중에 아메리칸 원주민들을 연구한 실례가 있다. 그들의 본래 체형은 날렵하고 건강한 체질이었는데, 인디언 보호구역을 만들어 그들에게 정제된 소금과 밀가루, 흰 설탕을 공급해주면서 그들의 체형이 몇 세대만에 어떻게 비만 체질로 바뀌며, 고혈압과 당뇨병 등이 가족력이 되었는지를 연구한 내용이다.

우리가 먹는 음식이 가장 중요한 이유는 구원받은 순간 우리의 몸도 하나님이 쓰셔야 하는 성전이 되기 때문이다(고전 3:16). 그래서 먹든지 마시든지 무엇을 하든지 하나님의 영광을 위해서 하라고 했고(고전10:31), 우리의 몸을 하나님께 산제사로 드리라고 했다(롬12:1).

이런 영적 사실을 알면 성도에게는 내가 먹는 음식도 하나님께 대한 예배가 된다.

가
정
을
살
리
라

가족 관계의
축복과 미션

디모데후서 3장에 마지막 때에 사람들이 당할 고통 중에 가족 관계의 고통이 있다고 했다. 실제로 많은 사람들이 가족 관계의 고통을 당하고 있다. 심지어 "결혼을 꼭 해야 하는가?"라고 하면서 대안을 찾기도 한다. 4차 산업혁명 시대를 맞은 이 시대에는 인공 지능을 가진 로봇이 사람과 똑같이 배우자의 모든 역할까지 할 수 있다고 한다.

그 속에 동성 결혼이라는 인류 최악의 문제까지 퍼져가고 있다. 이 동성결혼이 죄냐 아니냐를 따지고, 비난하고 정죄하려는 것이 아니다. 반드시 그리스도를 통해서 치유 받고 회복되야 할 고통이고 영적인 문제다.

가족 관계는 하나님이 주신 축복이다. 하나님은 한 남자와 한 여자를 창조해서 가정을 이루게 하시고, 그 속에서 태어난 자녀들로 가족 관계를 이루게 하셨다. 야곱의 열두 아들들처럼 부모가 다를 수도 있다. 많은 갈등이 따르기도 했으나 하나님은 그들을 통해 이스라엘의 열두 지파를 만드셨다. 그래서 다른 가정과 비교하지 말고, 내 가정을 향한 하나님 계획을 붙잡고 감사하며, 사랑하며, 누리는 것이 하나님의 뜻이다.

이 가정이 창3장에서 마귀의 유혹에 속아 타락하고 모든 축복을 놓칠 때 하나님은 영적인 가족 관계의 길을 열어주셨다. 하나님의 아들이신 그리스도를 보내시고, 그 분을 내 인생의 구주로 영접할 때 그리스도와 함께 하나님의 자녀가 되는 권세를 주셨다(요1:12). 그리스도와 함께 모든 영광을 같이 누릴 수 있는 특권을 약속하셨다(롬8:15-17). 그래서 그리스도 안에서 구원받은 백성들은 누구든지 영원한 하나님의 가족이라는 사실을 붙잡아야 한다(엡2:19). 성경에 바울은 전도를 통해 만난 디모데와 디도를 향해 참 아들이라고 불렀다(딤전1:2, 딛1:4). 로마서 롬16장에서 바울은 함께 한 성도들과 동역자들을 향해 "나의 어머니, 나의 자매, 나의 사랑하는 자들"이라고 불렀다. 그들은 서로를 위해 생명을 걸었다고 했다. 이것이 우리가 회복해야 할 참된 가족 관계와 참 교회의 모습일 것이다.

메가볼 잭팟을 맞는 확률이 2억분의 1이라고 한다. 75억의

지구상의 인구 중에 우리가 이런 가족으로 만나는 확률은 잭
팟을 맞는 확률보다 어렵다. 그런 가족 관계에서 갈등, 문제 겪
을 수 있다. 그 배후에는 반드시 갈등하게 하는 어둠의 영의 역
사가 있다. 그러나 그리스도께서 그 마귀의 일을 멸하시고(요일
3:8), 우리 인생의 모든 문제를 끝내셨다(요19:30)는 언약을 붙잡
으면 하나님은 모든 것을 나 같은 사람과 가정을 살리는 증거
가 되게 할 것이다. 모든 것을 합력해서 선을 이루실 것이다(롬
8:28).

"우리가 알거니와 하나님을 사랑하는 자 곧 그의 뜻대로 부르심을 입은 자들에게
는 모든 것이 합력하여 선을 이루느니라"(롬8:28)

   요셉은 자기를 판 형들에게 "형들이 나를 판 것이 아니고
하나님이 우리 모두를 구원하기 위해 나를 앞서 보셨다"고 고
백했다. 요셉은 형들을 용서한 차원이 아니다. 하나님의 계획을
붙잡은 것이다. 그리스도 안에서는 가족 관계의 갈등과 아픔도
축복이고, 미션이다.

가정의 축복을
회복해야

코로나19의 판데믹 가운데 맞은 가정의 달이다. 하나님이 인간을 창조하시면서 허락하신 가정의 축복은 아무리 강조해도 지나침이 없다.

영국의 시인이면서 여러 찬송가를 작시한 존 바우링은 "행복한 가정은 이 땅에서의 천국"이라고 했다. 아일랜드의 작가 조지 무어는 "사람은 원하는 것을 찾기 위하여 온 세상을 다니다가 집에 와서 그것을 찾게 된다"고 했다. 자녀 교육에 관해서도 종교 개혁자 마르틴 루터는 "가정은 최초의 학교이고 부모는 최초의 교사"라고 하면서 교회와 국가가 가정에서부터 자녀들이 올바른 교육을 받고 자랄 수 있도록 도와야 할 것이라고 강조했다.

모든 사람들이 가정에 묶여 있으면서 여러 스트레스로 인해 가족 간의 불화가 일어나기도 하지만 반대로 가족 관계가 더 깊어지는 기회가 될 수도 있다. 교회의 예배가 온라인 예배로 대치되면서 이 시간은 가정마다 하나님이 주시는 세가지의 축복을 누릴 기회가 될 수 있다.

첫째는 이번 기회에 가정에서 드리는 예배는 가정의 영적 흐름을 좌우하는 중요한 계기가 될 것이다. 가정이나 직장이나 교회에서든 지속해서 그리스도의 이름으로 예배를 드리면 그곳에 성령이 역사하면서 흑암 세력들이 무너지고 중요한 응답과 축복이 시작되는 것을 체험하게 된다(마18:18-20). 주님은 그 상태를 "하나님의 나라"라고 말씀하셨다(마12:28).

둘째는 이 시간에 가족을 배려하며 깊은 시간을 나누다보면 불신자 가족도 주께 돌아올 수 있는 기회가 될 수도 있다(행16:31).

"이르되 주 예수를 믿으라 그리하면 너와 네 집이 구원을 받으리라 하고"(행16:31)

셋째는 예배 후에 받은 말씀 속에서 가족끼리 포럼을 나눌 수 있으면 우리 가정이 어떻게 하나님께 쓰임 받을 것인지의 비전을 나누는 기회가 될 수 있다.

성경에는 한 가족이 하나님의 언약을 붙잡고 가면서 귀하게 쓰임 받은 모델들이 많다. 아브라함의 가족이 약속을 붙잡고 가나안으로 가서 이삭, 야곱, 요셉을 비롯한 열두지파의 축복으로 이어지고, 하나님이 쓰시는 가문이 된다. 이 아브라함이 잘 한 것 중 하나가 하나님의 약속을 붙잡고 가는 곳 마다 혼자 또는 가족과 함께 제단(예배)을 쌓은 일이다(창12:7,8, 13:4,8).

특히 기생 라합과 모압 여인 룻을 통해서 다윗 왕가가 만들어지는 역사를 주목해보라. 한 사람의 아내와 한 사람의 어머니로서 보여준 그들의 기도와 헌신은 한 가문이 축복의 가문으로 바뀌는 역사를 만든다.

모든 가족들이 그리스도를 알고, 그리스도로 하나 되고, 그리스도 이름으로 함께 기도할 수 있는 가정을 만드는 것이 중요하다. 그때만 그 가정의 숨겨진 상처들이 치유되고, 그 배후에 역사하는 흑암의 권세가 무너지고, 하늘 문이 열리는 축복을 누리게 된다(마16:16-19).

톨스토이는 그의 소설 〈안나 카레니나〉의 서두에서 "행복한 가정은 서로 닮았지만 불행한 가정은 모두 저마다의 이유로 불행하다"고 했다. 한 사람만이라도 그리스도를 알고 바라볼 때 결국 가족들은 하나가 되고, 모든 불행의 이유는 무너질 것이다.

나의 집이 영적 방주이다

　코로나 바이러스로 인해 각자의 집이 가장 안전한 피난처가 되었다. 인류의 첫 심판이었던 대홍수의 시기에 하나님은 노아와 언약을 세우면서 방주를 지으라고 하신 말씀을 생각하게 하신다(창6:14,18). 우리가 노아처럼 그 방주의 언약을 나의 것으로 붙잡으면 각자의 집은 하나님이 준비한 다른 축복을 누리는 영적 방주가 될 것이 분명하다.

　노아의 방주에 담긴 언약은 무엇일까? 적어도 세가지 언약이 그 속에 있다.

　첫째로 노아의 방주는 인생이 겪는 모든 문제와 심판에서 해방 받는 구원의 언약이다. 문제와 고통을 당할 때 자신의 노력과 선행으로 구원도 받고, 운명도 바꾸고, 천국이든 극락이든 갈 수 있다고 가르치는 것을 종교라고 한다.

기독교는 그런 종교가 아니다. 첫 인생 아담이 타락한 이후 나면서부터 죄의 본성을 가진 인생은 스스로의 힘으로 자기의 죄 문제를 해결하지 못하게 되었다(롬3:10). 그 죄의 시작과 배후 에는 아담을 타락시킨 죄의 영, 어둠의 영이 있다. 성경은 이들 이 세상을 도적질하고 죽이고 멸망시키는 존재라고 말씀하신 다(요10:10). 우리가 열심히 살아가도 이해 할 수 없는 영적 문제 에 빠지게 하는 존재이다(마12:43-45). 인간의 힘으로는 누구도 이 영적 저주의 세력들을 물리칠 수 없다. 이후부터 인생은 영 적으로 죽은 자처럼 되어 하나님을 볼 수도 없고, 찾아갈 수가 없게 되었다(엡2:1).

이런 인생에 하나님께서 해답을 주시고, 구원의 길을 열어 주신 것이다(요14:6). 그것을 〈좋은 소식〉, 〈은혜의 복음〉이라고 한다(롬1:16-17). 하나님은 모든 인생이 이 은혜의 복음 안에서 심판이 아닌 구원 받기를 원하시는 것이다.

둘째로 노아의 방주는 우리의 구원자로 오신 그리스도에 대 한 언약이다. 방주를 짓는 구체적인 재료와 방법까지 가르쳐주 신 이유이다. 목재는 반드시 고페르 나무를 사용하라고 하셨 다. 이 나무는 홍수가 와서 물에 잠기고 부딪혀도 변하거나 깨 지지 않고, 심지어 관을 만들어 사용하면 시체도 썩지 않는다고 한다. 이것은 그리스도의 영원성에 대한 약속이다.

이 나무로 각 방을 만들고, 역청으로 안팎을 칠하라고 하셨다. 역청의 히브리어 〈코페르〉는 덮는다는 뜻이고, 철저한 방수의 역할을 한다. 어떤 심판에서도 보호받게 하시는 그리스도의 완전성에 대한 약속이다.

창을 하나 만드는데 옆이 아닌 위에 만들라고 했다. 어떤 상황에서도 환경과 현실을 바라보지 말고, 오직 위만 바라보라는 의미이다(골3:1). 그리스도의 유일성에 대한 약속이다. 집에 머물러야 하는 시간이 이 그리스도를 깊이 바라보는 시간이 된다면 이 어려움도 훗날에는 반드시 노아의 가정이 누렸던 유일성과 재창조의 증거가 될 것이다.

셋째로 노아의 방주는 사람에게 구원의 길을 전달하는 전도의 언약이다. 마지막 때에 많은 재난이 일어나도 "이 복음이 온 세상에 전파된 후에야 끝이 오리라"고 하셨다(마24:14). 성경은 노아를 하나님의 의를 전달한 "전도자"라고 불렀다(벧후2:5). 그의 전도의 첫 열매는 가족들이었다. 집에 머물러 있어야 하는 이 시간이 그동안 부족했던 가족에 대한 배려과 영적 나눔의 시간이 된다면 이 재난도 큰 응답의 시간이 될 것이다.

가족과 가문에 주시는
언약

미국에서는 케네디 가문을 정치 명문가로 불렀다. 그러나 케네디 대통령을 비롯해 그의 형제들과 조카들까지 여러 불치병과 정신질환으로, 비행기 추락, 암살, 약물 과다 복용 등으로 불행한 죽음을 맞으면서 케네디 가문의 저주라는 말이 나올 정도가 되었다.

어렵게 살던 시절에 아버지는 내게 한산 이씨의 후손이라는 자부심을 심어주려고 애를 쓰셨다. 고려 말기의 학자요 충신이었던 목은 이색의 후손이요, 조선 시대에도 어린 조카를 몰아내고 왕이 된 세조에 대항하여 충신의 절개를 지키고 죽은 사육신 이개의 후손이라는 사실을 강조하셨다.

고등학교 시절에 그리스도를 영접하고는 모든 가족이 함께 구원을 받고, 그 분을 예배하며, 그 축복 속에서 사는 것이 어떤 것인지를 알게 되었다.

하나님은 "주 예수를 믿으면 너와 네 집이 구원을 받을 것이라"(행16:31)는 약속을 붙잡고 간절히 기도하는 내가 고등학교를 졸업할 때까지 전 가족이 구원을 받는 응답을 주셨다.

그 응답 속에서 신학교를 가게 되었지만 부모의 영적 지원과 기도 배경 아래 영적 지도자로 훈련받는 친구들을 보면서는 훗날 내가 얻을 자녀들이 이 축복 속에 있기를 원하는 마음이 간절했다. 그래서 결혼 후 첫 아들을 얻고는 미국 대각성 운동의 주역이요, 프린스톤 대학의 초대 총장이었던 조나단 에드워드의 가문과 후대들이 만든 역사를 생각하면서 조나단이라는 이름을 주었다.

부부가 결혼을 하고 자녀들이 자라면서 가족과 가문을 만든다. 이스라엘 백성들이 가나안에 들어가 누릴 축복을 약속하면서 "너와 네 자녀와 네 손자들이 누릴 축복이라"고 하셨다(신6:2). 하나님을 사랑하고 그 율법을 지키는 자에게는 "천대까지 그의 언약을 이루시고 은혜를 베풀 것이라"고 약속했다(출20:6, 신7:9).

~~~✦~~~

"나를 사랑하고 내 계명을 지키는 자에게는 천 대까지 은혜를 베푸느니라"(출20:6)

하나님은 우리의 가족과 가문을 사용해서 세상과 시대를 살리기를 원하신다. 하나님은 우상 숭배하던 땅의 아브라함을 택하시고 "너와 네 씨로 말미암아 천하 만민이 복을 받을 것이라"고 축복하셨다(창12:3, 22:18). 그 약속대로 아브라함과 그 후손들을 통해 다윗 왕국이 세워지고, 그 후손으로 그리스도가 오신다. 이 그리스도를 통해 모든 인생이 구원받고, 그리스도 안에 있는 자들은 이 아브라함의 축복을 유업으로 누릴 자가 되었다고 말씀하신다(갈3:29). 우리는 어떻게 이 축복을 실제로 누릴 수 있을까?

"후대 교육의 대헌장"이요, "쉐마"라고 불리는 말씀에서 하나님은 이렇게 강조하신다(신6:4-9). 부모가 먼저 하나님을 깊이 누리며 자신부터 살리라고 하신다. 구원받은 우리를 "이스라엘"이라고 부르면서 우리를 축복하실 하나님은 유일하신 분이라고 하셨다. 유일한 창조자이시며, 그리스도의 생명을 주어 우리를 구원하신 유일한 사랑과 능력의 하나님이심을 강조한 것이다.

내가 이 하나님을 마음과 영혼과 힘을 다하여 사랑하고, 그 주신 언약의 말씀을 내 안에 새기고, 그것을 자녀에게 전달할 때 하나님은 이 시대에도 우리의 가족과 가문 속에 그 언약을 성취해 가신다.

아버지가 회복해야 할
축복

　이번 주일에 맞는 Father's Day는 워싱톤 주의 한 교회에서 여섯 자녀를 출산하고 일찍 죽은 어머니 대신 수고한 아버지를 그리던 소로나 도드(Sonora S. Dodd)라는 27세의 한 여인을 통해서 시작되었다. 담임목사와 지역의 목회자들을 설득해서 다음 해부터 매년 6월 3째 주일을 아버지의 날로 지키기 시작했고, 1966년 존슨 대통령의 서명을 거쳐 국가적인 아버지의 날로 정해지고, 1972년에는 국가 공휴일로 정해졌다고 한다.

　갈수록 아버지의 위치와 역할이 무너지고 있는 이 때에 하나님이 세우신 아버지의 영적 권세와 축복을 회복하는 것은 참으로 중요하다. 하나님은 아담을 창조하신 후에 에덴 동산을 지으시고, 거기서 악에 대한 경계로 선악과의 언약을 맺고, 영원한 생명과 축복의 약속으로 생명나무의 언약을 아담에게 주신다(창2:1-17).

비록 하와가 뱀의 유혹을 받아 먼저 타락했음에도 하나님이 숨어있는 그들을 찾으시며 "아담아 네가 어디 있느냐?"(창3:9)라고 부르신 것은 하나님과 언약을 맺은 당사자가 아담이었기 때문이다. 하나님은 이 아담에게 하와를 "돕는 배필" 곧 동역자로 허락하여 한 몸이 되게 하시고(창2:18-24), 그들 사이에 허락된 자녀들을 양육하고 축복하는 영적인 권세를 허락하셨다.

먼저는 아버지를 가족들과 특히 자녀들을 영적으로 이끌고 축복할 수 있는 가정의 제사장으로 축복하셨다. 노아에게 방주의 언약을 세우시고 방주를 지어 그 아내와 세 아들들과 며느리들을 구원하게 하신 것이 대표적인 실례이다(창6:18).

"그러나 너와는 내가 내 언약을 세우리니 너는 네 아들들과 네 아내와 네 며느리들과 함께 그 방주로 들어가고"(창6:18)

노아 이후 아브라함, 이삭, 야곱, 요셉이 하나님께 제단을 쌓는 예배 수종자가 되게 하시고, 자녀들을 안수하여 축복하게도 하셨다. 그래서 아버지가 가정 예배를 인도하고 모든 가족들을 축복하는 것은 중요한 아버지의 역할이다.

가정의 제사장으로서의 역할과 함께 자녀들을 말씀으로 교육하는 일도 아버지의 책임이었다. 그래서 자녀 교육을 강조하면서 "아비들아 네 자녀들을 노엽게 하지 말고 오직 주의 교양과 훈계로 양육하라"(엡6:4)고 하신 것이다. 물론 주로 엄마가 가정에서 자녀들과 함께 하는 시간이 많다보니 자녀 교육의 책임이 엄마에게 있다고 생각하나 성경적으로는 아버지에게 그 책임을 주신 것이다. 실제로 어린 시절에 아버지의 사랑을 받고 자란 아이들은 정서적으로도 건강하다는 연구 결과들이 있다.

마지막 중요한 역할은 축복 전달자로서의 역할이다. 아버지가 하나님 앞에 살았던 삶으로 인해 그 자녀들이 축복을 계승할 수 있었던 것이다. 하나님이 온 세상에 기근이 임했을 때에 이삭을 백배로 축복하시고, 샘의 근원을 얻게 하시고, 르호봇의 축복(지경을 넓히는 축복)을 허락하실 때에 이삭에게 반복해서 하나님이 하신 말씀이 있다. "네 아버지 아브라함에게 맹세한 것을 이루기 위해"(창26:3), "네 아버지 아브라함이 내 말을 순종하였기 때문에"(창26:5), "내 종 아브라함을 위하여"(창26:24)라고 하셨다.

한 가정에 아버지가 살면 모두가 살고, 모두가 축복의 자리에 서는 비밀이다. 이 땅의 모든 아버지가 회복해야 할 축복이다.

후대를
살리라

죽어가는 후대를
살려야 한다

　신학교에서 기독교 교육 강의를 하기 위해 한 주간 로스앤젤레스에 머물다가 며칠 내내 죽어가는 후대들의 소식을 들었다. 명문 대학 중에 하나인 UCLA에서 지난 3개월간 9명의 대학생들이 죽었는데, 그중에 3명은 자살로 밝혀졌고, 아직 밝혀지지 않은 학생들의 사인이 약물 중독에 관련되었음을 배제할 수 없다는 소식이 신문의 탑 기사로 실렸다.

　다음 날 신문에서는 한인 밀집 지역인 산타 클라리타에 있는 고등학교에서 16세의 학생이 자기 생일을 맞은 날 친구들에게 무차별 총격을 해서 2명이 죽고, 3명이 부상을 입었다는 소식이 올라왔다. 백인 아버지와 일본인 어머니 사이에서 태어난 이 학생은 부모의 이혼과 심장마비로 인한 아버지의 갑작스런 죽음 이후 우울한 시간을 보냈다고 한다.

미국 대학생들의 자살 방지를 위해 만들어진 Jed Foundation에서 밝힌 통계에 의하면 매년 약1,200여명의 대학생들이 우울증으로 인한 자살을 한다고 한다. 하루가 멀다 할 정도로 후대들이 이렇게 죽어가는 소식을 대하면서 우리는 무엇을 해야 하는지 기도하지 않을 수 없다.

학교에서 좀더 학생들의 정신 상담을 체계화하고, 학생들의 안전을 위한 시스템도 강화해야 하겠지만 교회가 우리 후대들의 정신적 또는 정서적인 지원과 함께 영적 지원에 앞장 서야 할 것이다. 정신적인 지원이라고 함은 정신과 의사들을 비롯한 전문성을 가진 의료팀들과의 협력 사역을 의미한다. 정서적인 지원이라고 함은 청년들의 정서적인 상태를 세밀히 보고, 그들을 진실로 위로하고, 지원하고, 상담해주는 역할이다.

여기에 반드시 함께 해야 하는 것이 영적인 지원이다. 그리스도가 기름부음을 받고 오신 이유는 "마음이 상한 자를 고치고, 포로된 자들을 자유하게 하고, 갇힌 자에게 놓임을 전파하기 위해서"라고 했다(사61:1).

"주 여호와의 영이 내게 내리셨으니 이는 여호와께서 내게 기름을 부으사 1)가난한자에게 아름다운 소식을 전하게 하려 하심이라 나를 보내사 마음이 상한 자를 고치며 포로된 자에게 자유를, 갇힌 자에게 놓임을 선포하며"(사61:1)

누구에게나 마음의 상처들이 있다. 대부분 어린 시절의 상처들이다. 부모를 통해서 받은 상처도 있고, 누군가에게 남모르게, 공개적으로 당한 상처들도 있다. 문제는 이 상처를 사용해 인생으로 치명적인 실패를 하게 하는 존재가 있다는 것이다.

그 존재는 첫 인생 아담을 타락하도록 유혹한 존재이고(창 3:5), 지금도 온 세상을 어둠으로 덮고 있다고 했다(사60:2). 아담의 타락 이후에 누구에게나 있는 타락의 본성과 그 배후에서 역사하는 어둠의 영들의 존재들을 이해하지 못하면 오직 그리스도만이 우리의 인생 구원이 되고, 인생 해답이 된다는 말은 터무니없는 말이 된다.

우리가 스스로 해결할 수 없는 문제이기에 하나님의 아들이 오셔서 이 문제를 해결하신 것이다(요일3:8). 이 그리스도를 내 인생의 구주로 영접할 때 그리스도의 영이신 성령이 그의 인생 속에 역사하기 시작한다. 먼저 성령은 그리스도를 믿는 우리를 죄와 사망의 권세에서 해방시키신다(롬8:1-2). 그 성령의 역사를 바라보며 기도할 때 사단의 권세가 무너지고 우리 안에 하나님의 나라가 임할 것을 말씀하신다(마12:28).

모든 문제의 배후에 영적 사실을 알고, 영적인 해답을 주며, 영적인 전쟁에서 승리하는 법을 우리의 후대들에게 가르쳐주는 것이 시급하다.

위대한 어머니는
누구인가

"위대한 인물의 배후에는 위대한 어머니가 있다"라는 말이 있다. 어린 시절의 부모로부터 받은 교육과 경험이 인생의 전부를 좌우하고, 그때에 직접적인 영향을 주는 대상이 어머니이기 때문이다. 모태에서 엄마의 체온을 느끼며 엄마의 정서에 영향을 받으며 인생을 시작했기 때문에 적어도 3세까지는 거의 무의식적으로, 맹목적으로 엄마의 영향을 받게 된다고 한다.

이후 약 5-6세까지 사람의 정서와 지적 능력의 기초가 85% 완성된다고 한다. 그래서 교육학자들은 이때 어린이들이 모태에서부터 가장 편안했던 엄마와 함께 그림을 그리거나 창작 활동을 하면 자기의 내면 세계를 표현하고 창의성이 자라는 데 도움이 되고, 함께 좋은 음악을 들으면 평생 정서적인 안정감을 배우게 되고, 함께 책을 읽으며 책 읽는 즐거움을 느끼면 평생 책을 가까이 하면서 학업의 능력을 키울 수 있게 된다고 한다.

영적인 면도 마찬가지이다. 아브라함 링컨 대통령은 가난 때문에 학교를 가지 못했지만, 엄마 밑에서 성경으로 알파벳을 배웠다. 백화점의 창시자로 알려지고, 백악관에서 장관직을 지명 받을 때 교회의 주일학교 교장을 계속할 수 있도록 주일 예배 참석을 허락해주어야 한다고 요청을 했던 대표적인 신앙 기업인인 존 와나메이커도 마찬가지다. 가난 때문에 학교를 갈 수 없었지만 주일학교와 어머니의 영적 감화로 성장한 사람이다. 영국의 부흥 운동을 일으킨 요한 웨슬리도 어머니 수잔나를 통해 성경을 읽으며, 문자를 깨우치고, 기도하는 삶을 배웠다고 한다.

예수님이 마지막 십자가에 죽으시기 전에, 제자 요한에게 어머니 마리아를 부탁하신 것을 보면(요19:27), 예수님의 성장 과정에도 육신의 어머니 마리아 영향이 컸을 것이 분명하다. 아들을 낳으면 〈나실인〉으로 하나님께 바치겠다는 서원 기도를 하고, 아들이 젖을 떼자마자 성전으로 데리고 간 한나의 아들인 사무엘과 외할머니 로이스와 어머니 유니스의 믿음 속에서 성장해서 초대 교회의 지도자로 선 디모데는 어머니의 절대 영향

속에서 자란 성경의 인물이다.

어거스틴이 33세가 되기까지 방탕한 생활을 계속했지만 포기하지 않고 눈물의 기도로 그를 초대 교회의 위대한 지도자로 서게 한 모니카는 기도하는 어머니의 모델이다. 링컨과 존 와나메이커와 같은 시대를 산 전도자 디엘 무디는 이런 말을 했다. "내가 한 일 중에 위대한 것이 있다면 그것은 모두 하나님의 은혜요 나의 어머니의 덕택이다"

자녀들은 우리가 하는 대단한 일을 통해 배우지 않고, 우리가 하는 작은 것 속에서 영향을 받고 성장한다. 엄마가 언약을 붙잡고 기도할 때 자녀들은 하늘 배경을 누리는 것을 배우고, 엄마가 약하고 고통을 당하는 자들을 불쌍히 여기고 도울 때 자녀들은 섬김과 사랑을 배운다. 엄마가 범사에 감사하는 모습을 보일 때 자녀들은 불평이 아닌 감사를 배우고, 엄마가 자신의 허물과 부족함을 드러내며 하나님의 은혜를 고백할 때 자녀들은 참된 용기와 자유함을 배우게 된다. 그렇게 자란 자녀들은 시대를 살리고, 변화시키는 주인공들로 일어서게 될 것이다.

어머니 날을 맞이하여 하나님께서 모든 어머니들에게 새 힘을 주시기를 기도한다.

격대(조부모)
교육에 대하여

격대 교육이란 조부모들이 손자 손녀들과 함께 생활하면서 부모를 대신해 그들을 교육시키는 것을 의미한다. 부모들이 맞벌이를 하면서 자녀를 양육하는 시간이 부족하거나 이혼 가정이나 한 부모 자녀들의 경우에도 이 격대 교육을 통해서 훌륭하게 자란 모델들이 많이 있고, 그 장점들이 많이 보고되고 있다.

무엇보다도 조부모를 통해 이전 세대의 역사와 문화가 전달된 것은 평생 살아가면서 그들에게 큰 자산이 된다. 조선시대의 대표적인 학자인 퇴계 이황은 그의 손자와 16년 동안 125통의 편지를 주고 받으며 인생과 정치와 시대 문제를 나누었다고 한다.

조부모들의 심리적 지원도 중요하다. 부모에게 받지 못한 사랑과 배려를 조부모를 통해서 보상을 받고 시대의 인물들이 된 실례들이 많다. 오바마는 부모가 이혼한 이후 외할머니를 통해서 자란 것이 자기 인생에 큰 영향을 주었다고 고백했다. 빌 클린턴, 빌 게이츠, 오프라 윈프리도 전부 같은 사례이다.

노스캐롤라이나 대학의 한 연구팀은 조부모와 손주들이 자주 접촉해 친밀함 속에서 성장했을 때 아이들의 성적이 좋았고, 성인이 된 후에도 성취감이 높았음을 강조했다. 노년 세대는 감정 호르몬의 영향을 덜 받아 종합적 판단력이 젊은 층보다 더 높다는 사실이 MRI 촬영 결과로 밝혀지기도 했다.

할머니들이 만든 전통 음식들은 인스턴트 음식에 노출된 어린이들의 건강에도 도움이 되고, 노년 세대는 많은 세균과 바이러스에 대한 항체와 저항력이 있어 아이들에게는 오히려 더 안전하다고 한다. 조부모 속에도 성장한 아이일수록 자연스럽게 한국어에 익숙해져서 한국어를 공부하는 일에 큰 도움이 되기도 한다. 글로벌 시대에 이중 언어를 구사하는 것이 큰 특권이라는 것은 강조할 필요가 없다.

무엇보다도 중요한 것은 영적인 지원이다. 조부모들이 손주들을 위해 하는 기도는 엄청난 영적 영향력을 주고, 강력한 지원이 된다. 이스라엘 백성들에게 조부모의 역할은 하나님이 주시는 천명이 되었다.

하나님은 아브라함을 택하여 절대 축복의 언약을 주시고(창 12:1-3), 그 축복과 언약이 후대들을 통해 계승되고, 성취되며, 완성되기를 원하셨다(창18:18-19). 그래서 하나님은 아브라함의 아들인 이삭을 축복하실 때에도(창26:1-4), 그 손자인 야곱을 축복하실 때에도(창28:13-15), 심지어는 모세를 불러 사명을 주실 때에도(출3:6-12), 그들의 조상 아브라함과 이삭과 야곱의 하나님이라고 강조하셨다. 가나안에 가기 전에는 아들들과 손자들에게 생명을 걸고 하나님의 언약을 전달할 것을 강조하셨다(신6:1-9).

그 축복을 누린 사람들의 실례가 많다. 노아는 하나님과 동행했던 그 조부 무드셀라의 믿음을 이어 받은 사람이다. 무드셀라가 아들보다 오년을 더 산 것을 보면 손자에게 영향을 준 것이 분명하다. 성경은 룻의 손자인 이새를 통해서 다윗이 나왔고(룻4:17), 디모데는 외할머니의 믿음을 이어받은 사람이었음을 강조한다(딤후1:5).

코로나로 인해 가족들이 함께 하는 시간이 많은 지금, 삼대가 행복할 수 있는 격대 교육의 축복을 묵상해본다.

태아 때부터 하나님의
축복을 받게 하라

내가 중학교를 졸업하기까지 지낸 용인에는 세계 최초로 태교에 관한 책을 쓴 조선 시대의 이사주당이라는 여인이 있었다. 태교에 대한 내용을 기록한 것을 그녀의 아들이 편집하여 〈태교신기〉라는 이름으로 발간했다.

어려서 아버지 밑에서 학문을 익힌 이사주당은 옥천 현감이었던 유현규과 결혼하여 정신이 흐릿한 시어머니를 정성으로 모신 것으로 유명하다. 그 남편 유현규는 이미 세 명의 부인을 잃고 더 이상 결혼할 뜻이 없었으나 이사주당의 학문과 덕행을 귀히 여기고 결혼하여 평생 학문적 동반자로 살았다고 한다.

〈태교신기〉에는 "의술이 뛰어남은 예방에 있듯이 스승의 가르침 10년보다 뱃속에 있을 때 교육하는 10개월이 더 중요하다. 아기를 위해서 아버지가 올바른 마음가짐을 갖는 것이 중요하고, 임신 중에는 예가 아니면 보지도 듣지도 말하지도 생각하지도 말아야 하고, 태교는 임산부 혼자 하는 것이 아니라 온 가족이 함께 하는 것이다. 임산부는 시끄러운 음악이나 욕을 듣지 말아야 하고, 시를 외우거나 좋은 음악을 들어 마음을 깨끗하게 하고, 화가 나도 사나운 소리를 하지 말고, 사람을 속여서는 안 된다"고 전하고 있다.

이런 중요성 때문에 한국에서는 아이가 태어나면 바로 한 살이 되는 듯하다. 엄마 뱃속에서 자라는 10개월 동안에도 밖의 소리를 듣고, 엄마가 먹는 것을 같이 먹고, 같이 느끼면서 인지 구조가 성장하기 때문이다.

성경에는 하나님이 쓰시고자 택한 백성들을 향해 "내가 너를 모태에 짓기 전에 알았고, 배에서 나오기 전에 너를 성별하였다"고 말씀하신다(렘1:5). 그래서 부부로의 만남부터가 중요하다. 모세가 태어날 때 "레위 가족 중 한 사람이 가서 레위 여자에게 장가들어 그 여자가 임신하여 아들을 낳았다"고 강조한다(출2:1-2). 그리스도의 영원한 언약 속에서 구원받은 백성들이 부부로 만나고, 그들이 함께 붙잡은 언약 속에서 후대가 출생하고 성장 할 때, 하나님은 그들을 세상을 살리고 치유하고 축복하는 자들로 쓰셨기 때문이다.

그 교육의 시작이 태아 때부터이었고, 그래서 태아 교육의

키는 부모 자신의 준비이다. 하나님은 아브라함을 불러 그를 통해 천하 만민이 복을 받을 것이라고 약속하시고 많은 훈련을 통해 그를 준비시켜 아들 이삭을 주신다. 그리고 모리아산의 시험을 통과시키면서 "네 씨로 말미암아 천하만민이 복을 받을 것이라"고 약속하신다(창22:18). 그 약속대로 그의 후손을 통해 그리스도가 오시고(갈3:16), 모든 사람에게 구원의 길이 열리게 된다(요14:6).

마리아가 예수 그리스도를 잉태했을 때 그의 정혼자인 요셉은 의로운 자요 하나님의 뜻을 순종하는 사람이었다(마1:19-25). 예수님의 길을 예비한 세례 요한의 아버지 사가랴는 의로운 제사장이었고, 어머니 엘리사벳는 아론의 자손으로 하나님의 말씀을 따라 행하는 여인이었다(눅1:5-6). 그 부부를 통해 태어난 세례 요한은 태중에서부터 성령충만을 체험하여 많은 사람을 하나님께로 돌아오게 한 사람이었다(눅1:15-16).

지금 이 시간도 많은 아이들이 태어나고 있다. 그들 모두가 소중하나 그들이 태중에서부터 하나님의 축복을 받으며 자라게 하는 것이 중요하다.

자녀 교육에 아빠가
중요하다

초등학교 시절에 지금은 천국에 계신 아버님을 통해 명심보감을 배운 적이 있다.

고려 말에 집필되어 조선 시대 어린 아이들의 인격 수양을 위해 19편으로 이루어진 〈명심보감〉의 제4편 "효행편"에는 "아버지 날 낳으시고 어머니 날 기르시니 그 부모의 은혜는 끝이 없고, 착하고 효성스러운 자식이 또 그런 자식을 얻게 될 것이라"는 내용이 있다. 여기서 아버지가 날 낳았다는 표현은 자녀가 이 땅에 태어나면서부터 아버지의 역할이 얼마나 중요한가를 강조하는 말이다.

조선 시대에 이사주당이라는 여인을 통해 세계 최초로 태교를 위해 발간된 〈태교신기〉라는 책에는 아비의 낳는 것과 어미의 기르는 것과 스승의 가르치는 것 세가지가 합하여 훌륭한 인물을 키우는데, 스승이 십년을 가르치는 것이 어미가 태중에서 열 달을 가르치는 것만 못하며, 어미가 열 달을 가르치는 것이 아기를 가질 때의 아비의 올바른 마음가짐보다 못하다고 가르치는 내용이 있다.

교육 심리학에서는 유아기 때에 아버지가 직접 기저귀를 갈아주고, 목욕을 시키고, 스킨쉽과 좋은 추억을 통해 자란 자녀들은 정서적으로도 더욱 안정감을 느끼며 성장한다고 강조한다.

성경은 자녀의 출생과 교육에 있어 아빠의 위치와 역할이 얼마나 중요한지를 더욱 강조한다. 하나님이 아담을 하나님의 형상대로 창조하시고, 그에게 세상을 정복하고 다스리는 언약을 주시면서 하와를 지어 동역자가 되게 하신다(창2:20). 그래서 하와가 마귀의 유혹에 빠져 먼저 선악과를 먹고 남편에게도 주어 함께 범죄하고 숨었을 때에도 하나님은 아담을 찾으며 "네가 어디 있느냐"라고 부르신다(창3:9).

하나님은 언약의 조상인 아브라함에게도 "네 씨로 말미암아 천하 만민이 복을 받으리라"(창22:18)고 약속하시고, 그 아들 이삭에게 기근의 때에 100배와 샘의 근원의 축복을 허락하실 때에도 세 번을 강조하신 것이 그 아버지 아브라함과 맺은 언약이었다. "네 아버지 아브라함에게 맹세한 것을 이루어"(창 26:3), "아브라함이 내 말을 순종했기 때문에"(창26:5), "나는 네 아버지 아브라함의 하나님이니"(창26:24).

이스라엘을 블레셋의 손에서 구원할 삼손이 태어날 때 하나님은 먼저 삼손을 잉태할 어미에게 찾아와 "독주와 포도주를 비롯해 어떤 부정한 것도 먹지 말고 자신을 정결하게 하라"고 말씀하신다. 이때 그 남편 마노아는 하나님이 자신에게 그 낳을 아이를 어떻게 키워야 할지를 가르쳐주시기를 기도했고, 하나님은 다시 천사를 보내어 그 남편에게까지 어떻게 자녀를 키워야 할지 답을 주신다(삿13:13-14).

신약 성경에 바울은 모든 성도들에게 자녀들을 언약의 백성으로 키워야 할 것을 강조하면서 "아비들아 네 자녀를 노엽게 하지 말고 주의 교양과 훈계로 양육하라"고 하신다(엡6:4). 아버지가 가정의 영적 제사장이요, 자녀 교육의 절대적 책임을 가진 교사 중에 교사임을 강조한 것이다.

아버지의 부재와 그 역할을 잃어버린 현대 사회에 성도들의 가정에서부터 아버지의 축복이 회복되어야 한다.

무너지는 교회를 살리라

무너지는 교회를
회복하는 길

　　미국의 '라이프 웨이 크리스천 리서치'의 대표인 톰 레이너 박사는 앞으로 "미국에서 매년 최대 만개의 교회가 문을 닫을 것"이라고 예고하면서 문을 닫고 죽어가는 교회의 단계에 대해 크리스 챤 포스트에 글을 실은 적이 있다. 지금 한국 교회도 교단마다 교인들이 감소하고, 주일학교가 점점 문을 닫아가고 있음을 보고하고 있다. 2017년 국민일보에서는 한국 교회가 매년 3천개의 교회가 문을 닫고 있고, 교회 건물이 매물로 넘치고 있다고 지적했다.

　　세상의 빛이 되고, 답을 주어야 할 교회가 왜 이렇게 되어가고 있을까? 캘리포니아의 웨스트사이드 크리스챤 휄로쉽교회의 셰인(Shane Idleman)목사는 매년 4천 개의 미국 교회가 문을 달고, 매일 3,500명 가량이 교회를 떠나고 있다고 하면서 "교회가 죽고 사람들이 떠나는 진짜 이유"란 제목의 칼럼을 통해서 그 이유는 "하나님 능력이 좌석(성도)뿐 아니라 강단(목회자)에서도 사라지고 있기 때문"이라고 지적했다. 삼손이 "여호와께서 이미 자기를 떠나신 줄을 깨닫지 못했던 것"(삿16:20)처럼 교회가 영적인 힘을 잃어버린 것을 모르고 있는 것이 심각한 문제라고 지적했다. 셰인목사는 "당신의 아이를 복잡한 쇼핑몰에서 잃어버렸다면 당신은 온 마음을 다해 모든 시간을 아이를 찾는데 집중할 것"이라고 하며, 교회가 어디에 모든 관심을 집중하고 있는지를 깊이 생각해야 한다고 했다.

교회가 가장 먼저 회복해야 할 것은 영적인 축복이다. 하나님은 처음부터 인간을 하나님의 형상대로 지으셔서 영적인 존재로 만드시고, 세상을 정복하고 다스리는 자로 만드셨다(창1:27-28). 첫 인생 아담이 사단에게 속아 하나님을 떠나면서 모든 영적인 축복을 잃어버렸지만 하나님은 그의 아들을 그리스도로 보내주셨다. 그리고 누구든지 그리스도를 믿는 자에게는 그 안에 성령이 함께 하실 것을 약속하셨고(고전3:16, 엡1:13), 그 성령이 역사할 때 개인에게 변화가 일어나고(갈5:17-23), 지금도 인생을 고통과 각종의 영적 문제로 이끌고 가는 사단의 역사가 무너지고, 내가 있는 자리에 하나님 나라가 임할 것을 말씀하셨다(마12:28). 그 성령의 능력으로 성도는 마침내 땅끝까지 증인으로 세워지는 삶을 살게 될 것을 약속하셨다(행1:8).

교회가 이 영적 축복보다는 율법, 교권, 프로그램, 종교 형식에만 익숙해가고 있는 현실이다. 그러는 사이 뉴에이지나 각종 단체에서는 명상, 기운동, 템플 스테이등을 통해 사람들을 영적 세계로 이끌고 있다. 스티브잡스, 빌게이츠 같은 전문인들이 앞장 서면서 젊은이들이 여기에 빠지고 있다. 분명한 것은 그리스도가 없는 영적 체험에는 일곱 귀신이 역사할 것을 경고하셨다(마12:43-45).

교회는 개인과 세상을 살리기 위해 그리스도께서 직접 세우신 기관이다(마16:18). 그 그리스도를 회복할 때 교회는 무너질 수 없는 반석이 되고, 음부의 권세가 이기지 못할 것이라고 했다. 그때에 교회는 성령의 나타남과 능력으로(고전2:2-5) 본래의 모습을 찾게 될 것이다.

숲에서 누릴 수 있는
축복

5월은 모든 숲에 푸르름이 절정인 신록의 계절이다. 코로나로 인해 온라인으로 사역을 하는 시간이 많다보니 매일 숲이 있는 가까운 공원에 가서 산책할 수 있는 기회를 갖는 것도 내게는 큰 축복이 되었다.

잘 알려진 대로 숲에는 지치고 병든 마음과 몸을 치유할 수 있는 산소와 음이온과 피톤치드가 가득하다. 산소는 우리 몸의 모든 세포를 활성화시키고, 음이온은 특히 우리 몸의 부교감신경을 자극해서 몸과 마음을 편안하게 만들어주고, 두통과 불면증을 없애주며, 집중력을 강화시켜준다고 한다.

피톤치드는 나무가 병원균이나 해충에서 스스로를 방어하기 위해 뿜어내는 일종의 천연 항생 물질이다. 피톤은 식물

(Plant)이라는 뜻이고, 치드는 살균력(Cide)이란 뜻으로 두가지가 합성된 단어가 피톤치드이다. 편백나무나 소나무 잣나무 같은 침엽수에서 피톤치드가 가장 많이 나오나 모든 나무에서 나오니 나무들이 우거진 숲이면 충분하다고 한다.

자료를 찾아보니 피톤치드가 인체에 주는 효과가 엄청난 것을 알게 되었다. 바이러스나 암세포와 싸우는 세포의 수를 증가시켜 면역력을 강화해주고, 활성산소로부터 간세포를 보호하는 항산화작용이 뛰어나고, 항균작용으로 인해 피부질환과 아토피에도 도움이 되고, 심지어는 위염이나 위암을 일으키는 헬리코박터균을 억제시킨다는 보고도 있다. 그 향기는 중추신경계를 자극하여 혈중에 있는 스트레스 호르몬인 코티졸 수치를 낮추는 효과가 있어 심신의 안정과 숙면 효과를 준다고 한다.

이 산소와 음이온과 피톤치드가 가득한 시간은 정오를 전후하여 나무가 빛을 받는 시간이라고 한다. 일부에서는 편백나무가 피톤치드 함량이 많아 편백나무를 베어다가 집이나 사무실을 꾸미기도 하는데, 사실은 그 피톤치드가 살아있는 나무에서 나오지 죽은 나무에서는 나오지 않는다고 한다.

성경에 구원받은 하나님의 백성을 어둠을 밝히는 세상의 빛이요 그리스도의 향기라고 표현한 이유가 이렇게 세상을 치유하고 살리는 일에 쓰임 받을 자들이기 때문이라는 묵상을 해 본다. "기름부음을 받았다"라는 뜻의 그리스도는 세상의 어둠의 권세인 마귀의 일을 멸하고 승리를 주시는 왕의 권세(요일3:8, 계19:16)와 죄와 저주에서 해방시키기 위해서 오신 제사장의 권세(롬8:1-2, 히9:11-12)와, 세상을 살리는 길과 진리와 생명을 주시기 위해 오신 선지자의 권세(요14:6, 행3:20-22)를 합친 단어이다.

이 그리스도를 영접하는 순간 그 분의 생명과 권세와 능력이 우리 안에 역사하는 것이다. 그리스도인이라는 호칭은 "그리스도의 영을 가진 자"(롬8:9)라는 뜻이다. 영어 이름으로 많이 쓰는 크리스티나, 크리스도퍼라는 이름이 같은 뜻이다. 영이신 그 분이 함께 하실 때 우리는 세상에 빛과 향기를 뿜어내며 병든 영혼들을 치유하고(막16:15-20), 그들을 그리스도의 제자로 세우는 일에 쓰임 받게 되는 것이다(마28:18-20).

이 그리스도의 비밀을 누리는 성도들이 모인 교회는 상처에 묶이고(사61:1), 흑암에 눌려 고통을 당하는(행10:38) 모든 영혼들을 치유하고 살리는 영적인 숲이 될 것이다.

영적 가족의 축복

　오랜 박해와 유랑 속에서도 많은 인재를 키워 세계를 이끄는 유대인들이 가진 세가지 의식이 있다.

　첫째는 선민 의식이다. 유일한 여호와 하나님께 선택 받은 민족이라는 확신이다. 자기를 대적하고 핍박하는 자들이 망할 것이라고 믿음을 가지고 모든 고난을 이겨냈다.

　둘째는 그들은 하나이고 모든 것을 나눌 수 있다는 공동체 의식이다. 그래서 유대인들끼리는 어디를 가도 서로 돕는다. 물건을 맡기든지 평소의 신용이 있으면 돈을 빌려주는 은행도 이들이 시작했다.

　셋째는 자신들은 아브라함의 후손이며 한 혈통이라는 가족 의식이다. 특히 유대인의 자녀들은 나와 우리의 자녀라는 의식을 가지고 산다. 그래서 나라가 망해 포로로 흩어져서도 후대를 살리기 위해 지역마다 세운 것이 회당이다.

이 유대인들보다 더 깊은 힘을 가진 사람들이 마가 다락방에서 시작된 초대 교회이다. 로마와 유대인들의 핍박 속에서 초대 교회가 할 수 없었던 세가지가 있었다. 서로에 대한 비난과 갈등, 지위와 교권에 대한 욕심, 그리고 드러난 전도이다. 오직 그리스도 안에서 하나가 되어 서로를 불쌍히 여기며, 더 낮아져 섬기며, 조용히 개인과 가정으로 파고들어 그리스도의 답을 주는 성도들이 되었다.

이 마가 다락방의 성도들이 성령 충만을 체험하면서 누린 다섯 공동체의 축복은 세계를 살리는 비밀이 되었다. 핍박 속에서 모이면 기도할 수 밖에 없었다. 기도 공동체이다. 매일 모여 예배하면서 서로를 도우며 살았다. 생활 공동체이다. 핍박은 경제적 빈곤을 만들었기 때문에 재산을 팔아 헌금을 하고 서로를 지원하며 살았다. 경제 공동체이다. 흩어지면 생명을 걸고 예수가 그리스도라는 해답을 주며 전도를 했다. 전도 공동체이다. 이들이 전 세계로 흩어져 시대를 살리는 사역을 했다. 세계 교회 공동체이다.

하나님의 형상으로 지음 받고 하나님의 축복을 함께 누린 인생은 처음부터 한 가족으로 시작했다. 이 축복을 회복하기 위해 오신 분이 그리스도이시다. 누구든지 그리스도를 영접하고 구원받은 순간 하나님 자녀가 되고(요1:12), 영적 가족이 된다(엡2:19). 전도는 그리스도 안에서 모든 사람을 영적 가족이 되도록 만드는 것이다. 우리가 누군가를 치유하고 참된 그리스도의 제자로 키우려면 이 가족의 마음이 있어야 한다(고전4:15). 특히 언어와 문화가 다른 모든 민족을 치유하고 살리는 사역도 여기서 가능해진다.

"그리스도 안에서 일만 스승이 있으되 아버지는 많지 아니하니 그리스도 예수 안에서 내가 복음으로써 너희를 낳았음이라"(고전4:15)

사단은 교회가 교리 싸움, 교권 싸움, 자리 싸움을 하며 무너지게 하고 있다. 그래서 성경은 우리가 그리스도 안에서 같은 소망을 가진 자들이기에 "성령 안에서 하나 되게 하심을 힘써 지켜야 한다"고 강조한다(엡4:2-6). 예수님은 "하늘에 계신 아버지 뜻대로 행하는 너희가 곧 내 형제요 모친이라"고 말씀하셨다(마12:46-50).

교회가 영적 가족으로 하나된 힘이 있을 때만 후대와 세상을 살릴 수 있다.

사이비 종교가
일어나는 이유

코로나 바이러스가 급속도로 확산되고, 대한민국이 흔들리는 위기의 진원 속에 신천지라는 사이비 단체가 있다는 사실이 드러나면서 이 단체를 반드시 해산시켜야 한다는 국민 청원이 청와대 게시판에 계속 올라온다고 한다. 아직도 끝나지 않은 세월호 사건의 배후 속에도 구원파라는 사이비 종교 단체가 있었고, 교주 유병언의 죽음으로 묻혀버렸지만 지금 또 이 사이비 종교로 인해 모든 국민과 교회들이 고통을 당하고 있는 현실이 안타깝다.

원래 사이비 종교라는 의미는 기독교의 이름으로 가장하지만 사실은 탈 기독교적이고, 반 사회적인 주장을 하는 단체를 의미한다. 이런 사이비 종교들은 교주를 신격화하여 자신을 구원자로 따르게 하고, 자기들만의 교리를 세뇌시키고, 결국 개인과 가정과 사회의 질서를 무너뜨리고, 특히 교회를 무너뜨리는 일을 한다는 점에서 그 폐해가 심각하다.

공금 횡령과 성폭행 사건으로 감옥에 갔던 정명석의 JMS, 이미 죽은 조희성의 영생교도 역시 여기에 속한다. 신천지 이만희 교주의 유혹에 넘어가 남편과 두 자녀를 버리고 결혼해 한때 신천지의 제2인자가 되었던 김남희라는 여인이 이제 신천지는 종교 사기극이라고 폭로하며 그동안 뺏긴 재산을 찾기 위해 법적 소송을 벌이는 시기이기에 앞으로의 결과가 주목이 된다.

도대체 왜 사람들은 이런 사이비 종교에 빠지게 될까? 특히 이번에 드러나는 신천지는 주로 교회를 파고들어 비밀리에 기존 신자를 포섭하고, 결국 목사를 쫓아내고, 교회를 무너뜨리는 일을 한다는 점에서 모든 교회의 경각의 대상이 되어 왔다. 한때 신천지에 빠졌다가 나와서 그 실체를 폭로하는 내용들을 보면 그 속에 수많은 교회의 목사와 목사 자녀들이 빠져있다고 하니 경악을 금하지 않을 수 없다.

시대마다 이런 사이비 종교 단체들이 일어나는 것은 대표적인 요인들이 있다.

첫째는 사회적인 요인이다. 사회가 불안하고, 사람들이 답이 없어 방황하고 있을 때 이런 사이비 종교들이 파고 든다. 우리가 올바른 복음으로 세상에 빛을 비추고 답을 주는 전도에 집중해야 하는 이유다.

둘째는 교회가 올바른 복음을 선포하고, 성도들을 복음 안에서 훈련시키지 못한 결과이다. 성도들이 참된 구원의 축복과 하나님 자녀의 정체성과 교회의 축복에 대한 확신이 없이 갈등하는 동안 사단은 그들을 공격하는 것이다. 이런 점에서 바울은 교회 안에 사나운 이리들이 들어와 자기들을 따르게 하려고 어그러진 말을 하는 자들이 일어날 것을 경고했고(행20:29-30), 그래서 말씀 속에서 배우고 확신하는 일에 거할 것을 강조했다(딤후3:13-15).

세 번째는 갱신하지 못하는 교회의 모습과 계속되는 분열이다. 신천지가 교회의 젊은이들을 표적삼아 집중 포섭하는 이유가 이것이다. 교회에 실망할 때 제일 상처를 입고 떠나는 대상은 후대들이다.

마지막은 결국 미혹의 영들의 역사이다. 마지막 때에 자기를 그리스도라고 하며 사람들을 미혹하는 일이 벌어지고(마24:5), 그 배후에는 미혹의 영들이 있음을 경고했다(요일4:6). 교회가 하늘과 땅의 모든 권세를 가진 그리스도 안에서 영적인 힘을 얻고, 영적인 승리를 누려야 하는 이유이다.

전 세계가 위기 속에 있는 이 때에 우리 교회부터 정확한 복음으로 새롭게 갱신하는 결단이 필요하다.

시대를 살리라

10

어둠의 현장에
빛을

하워드대학교

워싱톤 디시의 사우스이스트 지역에 위치한 Barry Farm이
라는 지역을 다녀왔다. 20년 가까이 함께 한 사랑하는 나의 동
역자 Dexter Smith라는 목사가 이 지역 공무원으로 일하면서
복음 운동을 하는 곳이다.

처음에 이 지역은 빈곤, 범죄, 마약 중독자들이 가장 많은
지역이라는 것과 지금은 개발 지역으로 변화되고 있다는 정도
로만 알았다. 그러나 역사를 찾아보니 너무 중요한 지역이었다.

아브라함 링컨 대통령 시절에 해방된 흑인 노예들이 새로운
삶을 시작하도록 Barry라고 하는 사람의 농장을 사서 만든 지
역이었다. 이 일에 앞장 선 사람이 남북 전쟁의 영웅 중에 하나
인 올리버 하워드라고 하는 장군인데, 1867년 그 이름을 따서

많은 흑인 지도자들을 배출한 유명한 하워드대학교도 세워졌다.

모든 사람은 하나님 앞에서 평등하다고 외치며 노예 해방을 대통령 공약으로 내세웠던 링컨 대통령의 신앙도 특별했지만 하워드라는 장군의 신앙도 얼마나 특별했는지 유명한 일화가 있다. 어느날 하워드 장군을 위해 가까운 사람들이 중요한 사람들을 초청해 수요일 저녁 만찬회를 열기로 했다고 한다. 이때 장군이 "너무 중요한 분하고 미리 약속을 한 것이 있어서 안 된다"고 해서 그 파티를 목요일로 옮겼는데, 알고 보니 수요예배에서 하나님을 만나는 약속 때문이었다고 한다.

이런 중요한 지역이 어떻게 악명 높은 도시로 여기까지 왔을까를 생각해보았다. 특히 지역을 돌아보면서 의외로 교회가 많은 것에 적잖은 충격을 받기도 했다. 물론 이런 빈곤, 범죄, 마약 문제들이 단순히 그 지역만의 문제가 아니다. 미국 전체가 범죄와 테러와 마약 문제로 전쟁을 하고 있는 중이다. 특히 병원에서 진통제로 쓰는 약들이 거의 마약류이고, 많은 주에서 마리화나까지 합법화시키는 상황까지 왔다.

하나님은 오늘의 우리 교회들에 무엇을 원하고 계실까? 이사야 60:1-2에 보면 온 땅과 만민에게 어둠이 덮이는 시간이 온다고 말씀하신다. 그 어둠은 무엇을 의미할까? 당연히 모든 인생이 당하는 고통과 저주와 재난들이다. 그러나 성경은 그 고통과 저주와 재난을 만들고, 인간을 거기에 빠지게 하는 어둠의 영적 세력이 있다고 말한다. 그들은 첫 인생 아담과 하와가 타락하도록 유혹했고, 하나님과의 관계를 무너지게 한 자들이다(창3:1-5). 그들을 옛 뱀이라고 불리는 마귀와 그의 사자들이라고 했고(계12:9), 타락한 천사들이라고 했다(겔28:14-15). 특히 그들은 이 세상의 정사와 권세를 움직이고, 세상의 어둠을 주관하는 자들이라고 분명히 밝혔다(엡6:12).

그러나 감사한 것은 이 어둠의 권세를 무너뜨리고, 우리를 죄와 저주와 어둠에서 해방시키기 위해 하나님이 그리스도를 보내주신 것이다. 그 분은 세상의 빛으로 오셨다고 했다(요1:4). 그 분은 십자가에서 우리의 죄와 저주만 해결한 것이 아니다. 어둠의 권세인 이 사단의 머리를 박살내고(창3:15), 마귀에게 눌려 있는 자들을 고치러 오셨다고 했다(행10:38).

갈수록 세상에는 우울증, 정신문제, 각종의 범죄와 마약, 이해할 수 없는 실패와 저주와 재난이 계속되고 있다. 그러나 우리가 모든 어둠의 권세를 무너뜨리기 위해 오신 빛이신 그리스도를 정확히 알고 전달하기만 한다면 세상에는 참된 치유과 희망이 시작될 것이다.

사람을 보는 눈을 바꿀 때

세상에서 누려야 할 축복 중에 하나는 만남의 축복이다. 부모와 형제와의 만남부터 시작해서 친구와의 만남, 부부와의 만남, 직장에서의 만남, 교회 안에서의 만남 등 우리 인생은 만남의 연속이다.

어떤 사람을 만나야 할까 분명한 사실은 하나님은 사랑하는 자기 백성들에게 만남의 축복을 허락하신다는 것이다. 우리가 이 축복을 놓치는 가장 중요한 이유는 누군가를 만날 때 항상 자기 기준, 육신 기준, 세상 기준으로 보기 때문이다. 자기 기준으로 사람을 보는 것을 선입견 또는 편견이라고 한다.

내 기준 속에는 나의 상처, 경험, 수준이 고스란히 묻어있다. 열 길 물 속은 알아도 한 길 사람의 속은 알 수 없다는 말은 사람을 경계하고 의심하라는 의미보다는 사람을 함부로 판단하지 말라는 의미도 있다.

육신의 기준이란 말은 사람의 외모에 치우치는 것을 말한다. 사회 심리학에서 사람에게 호감과 신뢰감을 줄 때는 가까운 있는 사람과 친해지는 근접성(Proximity)과 나와 비슷한 점이 있는 유사성(Similarity)과 함께 그의 외모가 적어도 55%를 좌우한다고 한다. 그래서 단정한 복장, 헤어스타일 정도가 아니라 성형수술을 통해서라도 외모를 만들기 위해 애를 쓴다. 뭔가 외모가 잘 생기면 공부도 잘하고, 능력도 좋고, 인격도 좋은 것처럼 느껴진다는 것이다. 그러나 이런 외모 중심적인 사회 풍조로 인해서 나오는 심각한 문제가 많은 청소년들이 겪는 거식증, 폭식증이다. 이 문제가 우울증의 한 단면이기는 하지만 외모에 대한 사회적 편견과 다이어트에 대한 강박 관념이 중요한 역할을 한다.

세상의 기준이란 말은 그 사람의 학벌, 재력, 지위 같은 기준으로 사람을 평가하는 것을 의미한다. 이런 기준에 속아서 쉽게 결혼도 하고, 동업도 하다가 쓰라린 실패와 고통을 경험하기도 한다.

하나님의 사람은 적어도 세가지 기준으로 사람을 보는 눈을 훈련해야 한다. 복음적인 기준, 영적인 기준, 하나님의 기준이다. 아무리 무너진 사람도 하나님은 그들을 그리스도 안에서 치유하고 살려서 세상의 증인으로 세우고자 하신다(행1:8). 그것이 복음적인 기준이다(롬1:16-17).

성경은 "사람은 외모를 보지만 여호와는 중심을 보신다"고 말씀하신다(삼상16:7). 특히 아무리 무능하고 가진 것이 없는 사람도 성령의 능력을 체험하면 마가 다락방의 120명의 성도들처럼 시대를 바꾸는 자들로 쓰임 받을 수 있다. 그것이 영적인 기준이다.

실패한 사람도 하나님이 쓰고자 하시면 아무도 막을 수가 없다. 사단은 누구라도 실패로 이끌 수 있지만 예수님은 자기를 부인한 베드로도 쓰셨고, 핍박자 바울을 향해서도 "그는 내가 택한 나의 그릇이라"(행9:15)고 하시며, 그를 바꾸어 세상을 살릴 자로 쓰셨다. 이것이 하나님의 기준이다.

이 세가지 기준으로 보면 세상에는 포기할 사람이 없다. 이를 위해서 그리스도가 이 땅에 오셨고, 그래서 "누구든지 그리스도 안에 있으면 새로운 피조물이라 이전 것은 지나갔고 보라 새 것이 되었다"(고후5:17)라고 말씀하신다.

사람 보는 눈을 바꿀 때 하나님은 우리를 통해 세상을 치유하고, 바꾸고, 살리는 일을 하실 것이다.

나와 세상을 살리는 전도

신종 코로나 바이러스의 확산과 사망률이 지속되면서 세계가 계속 긴장하고 있다. 이렇게 드러난 질병만 문제가 아니다. 사람들은 우울증, 공황장애, 중독, 정신분열 같은 문제로 심각한 고통을 당하고 있다.

주님은 마지막 때에 온 세상에 재난의 소식이 들려 올 것이라고 했고(마24:3-14), 요한계시록에는 인으로 봉해진 책이 열릴 때마다 심판의 재앙이 계속되고, 일곱 천사의 나팔 소리와 함께 땅과 바다도 피로 덮이고, 사람들은 고통하며 신음할 것이라고 했다.

주님은 그 전에 모든 사람들이 구원 받기를 원하시고, 그래서 복음이 모든 민족에게 증거 된 뒤에야 끝이 올 것이라고 말씀하셨다(마24:14). 주님도 이 땅에 오셔서 먼저 하신 일이 복음을 전파하며 전도하시고(막1:38), 이 일을 위해 제자들을 따로 택하시고 훈련시키셨다(마3:13-15).

하나님의 아들로 오신 그리스도는 먼저 자신에게 주어진 세 가지 권세로 모든 인생이 하나님의 진노의 심판에서 벗어나고, 새 생명을 얻으며, 하나님의 자녀로 영원히 사는 길을 열어주셨다. 참 제사장의 권세로 죄와 저주와 사망의 권세 아래 놓인 우리를 해방시키신다(막2:10, 롬8:1-2). 참 왕의 권세로 마귀의 권세를 굴복시키고, 우리에게 흑암의 영들과 싸워 이길 수 있는 권세를 주신다(요일3:8, 눅10:19). 참 선지자의 권세로 하나님 만나는 길이 되어 우리 가운데 함께 하시며 영원한 미래를 준비해 주셨다(요5:24, 요14:6).

이 그리스도를 영접하는 자는 그리스도의 권세를 가진 왕 같은 제사장이라고 하셨다(벧전2:9). 그들의 모든 것이 증거가 되어 땅끝까지 증인으로 서게 될 것을 약속하셨다(행1:8). 하나님은 내가 먼저 이 그리스도를 통해 주시는 축복을 깨닫고, 체험하고, 누리기를 원하신다. 그리고 나아가 이 복음으로 세상을 치유하고 살리기를 원하신다.

분명히 우리 주위에는 구원받기 위해 하나님께서 작정한 사람이 있다고 했다(행13:48). 온 땅이 흑암에 덮여도 우리가 일어나 빛을 발하기만 하면 고통 당하는 사람들이 돌아오고, 방황하던 자녀들도 돌아오고, 무너지는 민족과 왕들도 돌아오고, 그들이 가진 재물도 돌아와 참된 경제 축복도 회복되며, 교회는 하나님의 영광을 드러내는 모습으로 설 것을 말씀하셨다(사 60:1-7).

고통과 저주와 재난이 계속 되는 이 때에 교회는 이 그리스도의 올바른 복음을 회복하고, 그 복음으로 한 사람이라도 더 치유하고, 살리는 일에 집중해야 한다. 이것 외에 교회가 해야 할 시급한 일이 무엇이겠는가?

스필버그 감독이 영화로 만든 "쉰들러 리스트"의 주인공 쉰들러는 돈을 벌기 위해 나치당원이 되고, 값싼 임금을 주고 쓸 수 있는 유대인들을 고용하기 위해 독일 장교들을 뇌물과 향락으로 매수하기까지 한다. 어느 날 쉰들러는 처절하게 유대인들을 짓밟고 학살하는 독일 장교들의 만행을 보면서 부끄러운 자신을 돌아보게 되고, 이제는 1,100명의 유대인 리스트를 만들어 그들을 살리기 위해 모든 것을 쏟아 붓는다. 전쟁이 끝나고 그 유대인들과 헤어질 때 쉰들러가 오열하면서 하는 마지막 독백이 있다. "이 차도 팔았다면 열 명은 더 살릴 수 있었고, 이 금배지도 팔았다면 두 명이라도 더 구할 수 있었을 것인데…"

하나 되게 하시는
그리스도

　　1996년에 개봉되었던 "Fly Away Home"이라는 영화는 한 소녀가 어머니를 잃은 슬픔과 헤어져 살던 아빠와 좁혀지지 않는 거리를 어미를 잃은 야생 기러기 새끼들을 돌보면서 극복해가는 내용이다.

　　이 영화 속에서 소녀의 돌봄 속에 성장한 기러기들이 겨울을 나기 위해 남쪽으로 V자형으로 무리를 지어 날아가는 장면이 장관이다. 기러기들이 V자형의 대열로 날아가는 이유는 그때 71 퍼센트 이상 더 오래 날 수 있기 때문이다. V자형으로 날아갈 때 맨 앞에서 날아가는 기러기는 빨리 지치지만 그로 인해 뒤따르는 기러기는 공기의 저항을 적게 받으며 날 수 있다고 한다. 그래서 적당한 시간이 되면 기러기들은 서로 위치를 바꾼다. 이들은 날면서 계속 울기도 한다. 자기의 위치를 알리고 서로를 격려하는 목적이다. 마치 군인들이 행군할 때 부르는 행군가와 같다고 한다. 누군가가 부상을 당해 날 수 없게 될 경우에는 서너 마리가 남아 기다려 준다.

기러기들의 이런 모습들은 하나님이 세상과 인간을 지으실 때 주신 본래의 축복이고, 이 땅을 나그네처럼 살아가는 우리에서도 꼭 필요한 것이라고 생각이 든다.

코로나의 위기와 함께 인종 차별 문제로 일어난 시위와 폭동으로 인해 모두의 마음이 고통스러울 때이다. 이 문제는 미국 내에서만 이루어지는 갈등도 아니고, 전 세계가 같이 겪고 있는 고통이다.

처음부터 하나님의 형상대로 지음 받아 모두가 하나였던 인간이 이렇게 갈등하며 살아야 하는 이유가 무엇인가? 성경은 이 문제를 인간이 하나님을 떠난 결과로 온 영적인 문제 곧 사단이 이 땅에 심어놓은 올무와 덫과 같은 것이라고 설명한다. 창3장에 보면 인간은 "하나님처럼 될 수 있다"는 뱀(사단)의 유혹에 속아 범죄 한 이후 자기 욕심을 추구하는 존재로 전락하게 된다.

딤후3장에 마지막 때에 사람들은 더욱 자기만을 사랑하는 이기주의에 빠질 것을 경고하고 있다. 창6장에 네피림 시대에는 영혼을 가진 인간이 육신과 외모 중심의 존재로 타락하는 모습이 있다. 그래서 갈수록 사람들은 육신, 물질, 외모 지상주의에 빠지고 있고, 여기서 피부 색깔로 차별을 만드는 비극도 나온 것이다. 창11장의 바벨탑 시대에는 인간 스스로 최고가 되어 하나님의 자리에 자기들의 이름을 두겠다는 시도가 시작된다. 여기서 성공만을 추구하는 인생이 만드는 비교의식, 우월주의, 패권주의가 나온 것이다. 여기서 나온 "나와 내 민족이 너희보다 낫다"는 생각들이 인종 차별도 만든 것이다.

하나님은 이렇게 살지 말라고 그의 아들을 그리스도로 보내주셨다. 그리스도는 스스로 낮아져 모든 저주를 담당하고 우리를 불쌍히 여기시는 대제사장이 되어주시고(빌2:6-8, 히4:15), 이 땅의 마귀의 일을 멸하시는 우리의 영원한 왕이 되어주시고(고전15:25, 요일3:8), 우리에게 영원한 길을 안내하는 참 선지자가 되어 주셨다(요14:6). 이 그리스도를 영접할 때 하나님의 자녀가 되고(요1:12), 그들은 성령 안에서 하나가 될 것을 약속하셨다(엡4:4-6). 이 그리스도 안에서 모든 민족이 구원 받고 하나 되게 만드는 일이 먼저 구원받은 우리가 해야 할 천명이고, 그것만이 우리가 겪는 모든 갈등을 끝내는 유일하고 완전하고 영원한 해답이다.

세계를 살릴 주인공 TCK

　　TCK(Third Culture Kids)라는 명칭은 1950년대에 사회 과학자이면서 외교관으로 근무하던 John and Ruth Useem 부부에 의해 처음 불리어졌다고 한다. 부모가 다른 나라, 다른 언어와 문화권에 가서 자녀를 낳아 기를 때 그들이 부모 나라의 문화(제1문화)와 체류하고 있는 나라의 문화(제2문화)에 적응하면서도 이 두가지가 혼합된 문화(제3문화) 속에서 자라는 것을 보면서 이 속에서 있는 자녀들을 TCK라고 부른 것이다.

　　거기서 이중 언어와 문화적 다양성도 만들어지고, 양쪽 문화에 익숙한 하이브리드식의 삶을 살 수 있는 것은 특별한 축복이다. 그러나 반대로 문화적 혼돈이나 국가관에 대한 혼란에 빠지기도 하고, 양쪽 문화에서 이방인 취급을 받을 때는 외로움이나 고립감에 빠지기도 한다. 부모 세대와의 갈등을 겪거나 대화 단절에 빠질 때는 공격적이 되기도 하고, 외로움이나 고립감은 게임 중독이나 마약 중독을 만들기도 한다.

이런 TCK들은 외교관이나 군인 자녀들처럼 부모의 직업을 통해서 만들어지기도 하지만 이민과 국제 결혼, 입양을 통해서도 만들어진다. 그런 면에서 미국에 사는 우리 교포들의 자녀들은 전부 TCK이다. 성경에는 이스라엘 백성들이 다른 민족에게 포로로 끌려가거나 속국이 되었을 때도 이런 TCK들이 만들어졌다.

이런 TCK를 키우는 부모들과 우리 TCK 자녀들은 어떤 답을 가지고 살아야 할까? 분명한 성경의 결론은 TCK가 세계를 살리기 위해 하나님이 쓰신 주인공들이었다는 것이다. 그들이 하나님이 주신 것을 누릴 때에 그 축복이 시작된 것이다.

그 하나님이 주신 것이 그리스도의 축복 곧 복음이다. 하나님은 그리스도 안에서 어떤 상처와 문제 속에서도 묶여 살지 않도록 참된 해방과 자유의 축복을 주셨다(롬8:1-2, 요8:32). 우리를 그리스도 안에서 하나님 자녀가 되는 길을 열어주어 성령으로 함께 하시면서 천국 배경을 누릴 수 있는 축복을 주셨다(빌3:20, 히1:14). 무엇보다도 그리스도의 이름으로 여러 가지 상처와 갈등과 절망을 만들어내는 존재인 사단의 권세에서 영적 승리를 누릴 수 있는 축복을 허락해주셨다(요일3:8, 롬16:20).

하나님은 TCK들이 이 그리스도의 비밀을 누리면서 온 세상에 흩어져 이스라엘과 세계를 살릴 자로 쓰임 받을 것을 약속하시면서 그들을 〈남은 자〉라고 부르셨다(사6:13, 사49:6, 롬11:5). 하나님은 이들을 〈나의 택한 자〉라고 하셨고(벧전2:9), 하나님의 절대 생명을 가진 〈거룩한 씨〉라고 하셨고(사6:13), 하나님의 절대 계획 속에 흩어진 〈디아스포라〉라고 하셨고(벧전1:1-2), 하나님의 절대 능력에 붙잡혀 영적 리더로 쓰임 받을 〈영적 써밋〉이라고 하셨고(사55:4), 전도와 선교로 세계를 살릴 〈전도 제자〉라고 부르셨다(마28:18-20).

이들이 겪는 모든 일은 전부 이들을 세상을 살릴 자들로 세우시는 하나님의 시간표가 되었다. 30세에 애굽의 총리로 서기까지 요셉이 겪은 모든 것이 하나님의 시간표였던 것과 같다(시106:17-19). 이 땅에서 TCK로 살고 있는 우리 자녀들이 이 미국과 세계를 살릴 주인공이라는 언약부터 회복해야 한다.

〰〰◆〰〰

"그 중에 십분의 일이 아직 남아 있을지라도 이것도 황폐하게 될 것이나 밤나무와 상수리나무가 베임을 당하여도 그 그루터기는 남아 있는 것 같이 거룩한 씨가 이 땅의 그루터기니라 하시더라"(사6:13)

치유사역

상한 마음을 치유하시는
그리스도

갈수록 마음의 고통과 정신 질환의 문제가 심각하다. 세계 보건기구에서는 인류 사망 요인의 첫 번째 요인이 지금까지는 심장 질환이었지만 곧 우울증이 될 것이라고 발표했다. 정신 질환으로 인한 사회적 범죄도 심각해지고 있다.

한 사람이 같은 아파트 단지에 사는 사람들이 자기를 비웃고 욕을 하고 있다고 믿었다. 결국 아파트에 불을 지르고 피신해 나오는 사람들을 무차별로 칼로 공격해서 5명이 죽고, 여러 명이 중상을 입었다. 그가 경찰에 끌려가면서 "나도 억울하게 당한 것이 많다"고 외치는 모습이 TV에 비추어졌다. 피해망상과 함께 조현병(정신분열) 단계까지 간 것이다.

최근에 대학까지 나온 한 젊은 여인이 이혼한 전 남편을 죽이고 시신을 조각내 여기저기 버린 일이 발생했다. 그 짓을 하고도 범행에 쓰고 남은 것들을 반환하고, 현 남편에게로 돌아와서는 저녁을 먹고 노래방까지 갔다고 한다. 경찰 앞에서는 새 결혼 생활의 방해를 없애고, 자신의 자식을 뺏기지 않으려고 한 일이라고 했다.

여기까지만 봐도 집착이 강하고 충동적이며 감정의 기복이 심한 특징을 가진 경계성 성격 장애와 반사회적 인격 장애(싸이코패스)의 모습이 나타난다. 이 싸이코패스는 자신의 감정과 고통에는 예민하지만 나로 인해 남이 당하는 고통에는 전혀 공감이나 죄의식도 느끼지 않는 것이 특징이다. 정상적인 모습처럼 살아가면서 이런 싸이코패스의 기질을 가진 사람들이 많은 것이 문제이다.

갈수록 심각해지는 이 우울증, 성격장애, 정신병들은 선천적 요인이나 사고로 인한 장애일 수도 있다. 심리학에서는 그들이 가지고 있는 어린 시절의 어두운 상처(결핍, 외로움, 두려움, 비교의식, 왕따 등)와 연관 지어 본다. 숨겨진 마음의 상처들이 시간이 지나면 잊혀질 것 같으나 무의식과 잠재의식 속에 자리 잡고 있다가 나중에 여러 부적응 행동이나 정신질환으로 나타난다는 것이다. 그 상처에 대한 보상 심리와 보상 행동으로 무엇인가를 집착하게 되고, 그것이 지속되면서 중독(게임 중독, 알콜 중독, 마약 중독, 도박 중독, 일 중독, 성공 중독)에 빠지기도 한다. 그것이 뇌 기능에 손상을 주고, 결국 우울증이나 정신문제로 발전한다. 환청을 듣거나 귀신들림의 상태에 빠지기도 한다.

정서적인 지원과 사회적인 배려도 도움이 되고, 약물 치유도 꼭 필요하다. 그러나 그것만으로는 완전한 답이 되지 않는다. 그것을 사용해서 개인을 무너뜨리고, 가정을 파괴시키며, 세상을 고통으로 몰고 가는 어둠의 영들의 역사가 있기 때문이다(요8:44, 요10:10).

"너희는 너희 아비 마귀에게서 났으니 너희 아비의 욕심대로 너희도 행하고자 하느니라 그는 처음부터 살인한 자요 진리가 그 속에 없으므로 진리에 서지 못하고 거짓을 말할 때마다 제 것으로 말하나니 이는 그가 거짓말쟁이요 거짓의 아비가 되었음이라"(요8:44)

이 문제를 치유하고 해방시켜 주시기 위해서 하나님이 우리에게 답을 주셨다. 그의 아들을 성령의 기름부음을 받은 그리스도로 보내주셨다. 이사야 61:1에 그가 "우리의 상한 마음을 치유하시고, 포로된 자에게 자유를, 갇힌 자에게 놓임을 주실 것이라"고 약속하셨다. 점점 더해 가는 인류의 고통과 문제 앞에서 이제는 하나님의 해답을 붙잡아야 할 때이다.

폭력의 고통에서
치유 받는 길

　　갈수록 폭력의 피해와 고통이 심각해지고 있다. 부부 사이나 부모와 자녀 사이에 이루어지는 가정 폭력도 심각하고, 학교에서의 왕따나 폭력도 심각하다. 대한민국을 대표하는 어느 항공사 사주 가족들의 직장에서의 폭력이 문제가 되어 세상이 떠들썩하기도 했다. 그 사회적 비난의 스트레스를 이기지 못하고 사주는 숙환이 악화되어 세상을 떠나게 되고, 기업은 최대 위기를 맞기도 했다.

　　폭력이라고 할 때는 단순한 신체적인 폭력만이 아니다. 언어적 폭력, 심리적 폭력, 성적 폭력등 여러 모습으로 나타난다. 전 세계에 '미투'라는 이름으로 성폭력 고발이 계속되고 있기도 하다. 폭력은 당하는 사람의 고통은 말로 표현하기 어렵다. 그러나 폭력을 행사하는 사람도 결국 사회적인 비난과 함께 여러가지 고통을 당하게 된다.

폭력의 배후에는 적어도 세가지 이유가 있다고 본다. 첫째는 심리적인 요인이다. 어린 시절이나 과거의 억울했던 경험이나 상처들과 연관되어 있다. 억울한 폭력을 당한 사람들은 그것을 극복하기 위해서 퇴행적인 행동을 하거나 사람들을 피하는 도피적인 행동을 하기도 한다. 반대로 더 공격적인 모습으로 살아가는 사람들도 있다.

남편은 백인이고, 부인은 필리핀 사람이었던 한 부부가 교회를 출석하자마자 이혼 상담을 요청해왔다. 자기들은 너무 오래 싸워왔고, 한번 싸우면 누군가가 죽을 것 같은 폭력이 나오기 때문이라고 했다. 어린 시절에 경험한 폭력이나 마음의 분노가 있었는지를 알기 위한 심리적 접근을 시도했다. 한참 만에 남편이 눈물을 글썽이면서 자기 안에 있는 어린 시절의 상처에 관한 얘기를 했다. 형이 있었는데, 둘 사이에 문제가 생기면 아버지는 늘 자기만 책망을 했다고 한다. 한번은 형이 잘못한 일인데도 일방적으로 자기가 한 짓으로 책망을 받고 있을 때 형이 아버지 뒤에서 자기를 보며 웃고 있었던 모습을 평생 잊을 수가 없었다고 했다. 어른이 돼서도 억울한 일을 당할 때는 무의식, 잠재의식 속에 있던 분노가 폭력으로 터져 나온 것을 깨닫고, 그에게 치유가 시작되었다.

두 번째 이유는 폭력적인 환경에서 성장하고, 폭력 문화에 노출되면서 폭력성이 자라는 경우도 있다. 폭력 영화나 음악에서 자녀들을 보호해야 하는 이유다.

반드시 놓치지 말아야 할 마지막 이유로 성경에는 사람의 폭력의 배후에는 영적 이유가 있음을 강조한다. 아담의 아들이었던 가인이 그 동생을 쳐서 죽인 사건이 있다. 인류 최초의 폭력 살인이다. 겉으로는 하나님이 자기의 예배를 받지 않고 동생의 예배만을 받은 것에 대한 시기와 분노의 결과였다. 그러나 성경은 살인한 자가 따로 있었다고 한다. "처음부터 살인한 자요, 거짓의 아비인 마귀"라고 했다(요8:44). 상처가 발전해서 숨은 분노를 만들고, 그 분노가 영적인 문제로 발전하면 치명적인 폭력이 일어나는 이유가 여기에 있는 것이다.

이 상처를 치유하고, 참된 평화를 주시기 위해 오신 분이 평화의 왕으로 오신 그리스도이시다(사9:6)

우울증과 자살 충동에서의
해방

또 한 사람의 유명한 정치인이자 방송인의 안타까운 자살 소식이 나왔다. 오랫동안 우울증의 고통을 겪었다는 소식도 알려졌다. 통계에 의하면 OECD 국가 중에 자살율 1위의 나라가 대한민국이라고 한다.

유난히 비교의식이 강하고, 억울하고 가슴 아파도 드러내기를 수치스러워 하고, 혼자서 억누르고 참다가 결국은 폭발하는 오랜 민족적인 정서도 한 이유일 수 있다. 단순히 한국인만의 문제가 아니다. 심지어는 신자들조차 우울증과 자살충동의 고통을 겪는 사람들이 많다는 사실이다. 캘리포니아 수정교회의 성가대 지휘자가 우울증으로 시달리다가 크리스마스 직전 자기 사무실에서 권총 자살을 한 소식이 전해졌을 때 교계는 안타까움과 충격에 휩싸였다.

　우울증을 겪을 때 나타나는 증세들이 있다. 정서적으로는 자기 연민, 불안, 두려움, 외로움, 허무함을 느끼는 것이 지속된다. 그런 정서가 자기를 고립시키고, 무기력에 빠지게 하고, 반대로 공격적 행동에 빠지게도 한다. 이때 신체적으로는 피로를 호소하고, 몸에 이상 징후들이 나타나고, 지속적인 불면증을 겪고, 호흡 장애를 겪기도 한다.

　이들의 사고를 보면 유난히 죄의식과 피해의식이 강하고, 비관적이고 절망적인 생각이 계속된다. 이 비관적 사고는 세 과정을 거친다고 한다. 첫째는 개인화(Personalization)의 과정이다. "내가 문제의 장본인이다. 아무도 날 이해하지 못한다"는 생각이다. 이들에게 세상에는 나와 비슷한 사람이 얼마나 많은지를 알게 해주고, 그래서 비슷한 실패와 고통 중에서 회복한 경험자들이 도움이 되기도 한다. 둘째는 확산화(Diffuseness)의 과정이다. "나는 하는 것마다 실패하고 나쁘게 된다"는 생각으로 확산시킨다. 마지막은 지속화(Continuation)이다. "이 문제는 절대 해결할 수 없고, 내 인생은 이대로 끝나고 말거야"라고 절망적인 생각을 하게 된다. 이런 생각들이 지속되면서 환각, 환청을 경험하기도 하고, 자살을 선택하기까지 한다. 이제는 우울증을 치유하는 많은 약들도 나오고, 전문인들이 나오고 있다. 절대로 포기하지 말고, 치유와 회복을 위한 노력을 지속해야 한다.

특히 우리 교회들은 숨어 고통을 겪는 그 한 사람을 살릴 답을 가지고, 그들을 지원하고 치유하는 사명을 감당해야 한다. 무엇보다 중요한 것은 정확한 복음을 전달하는 것이다.

하나님의 아들이신 그리스도가 우리 인생 모든 문제의 구원자로 오신 것이 복음이다(눅2:10-11).

"천사가 이르되 무서워하지 말라 보라 내가 온 백성에게 미칠 큰 기쁨의 좋은 소식을 너희에게 전하노라 오늘 다윗의 동네에 너희를 위하여 구주가 나셨으니 곧 그리스도 주시니라"(눅2:10-11)

모든 상처와 실패와 죄의식의 고통에서 해방시키기 위해서 그리스도가 스스로 고난을 받으셨다(사53:5). 그리고 부활하셔서 새생명을 주시고, 모든 어둠과 사망의 권세로부터 승리를 증거로 주셨다(고전15:55-57). 그 분을 내 인생의 주인으로 영접하는 모든 사람들에게 영원히 함께 하실 것을 약속하셨다(계3:20).

이 그리스도 안에 있을 때 나는 그리스도가 자기 생명을 주실 만큼 소중히 여기는 절대적이고 유일한 사람이다. 이 그리스도를 알고, 그 안에 있는 내 인생의 소중함과 참된 가치를 회복하는 것이 우울증 치료의 근본적인 시작이다.

비교 의식과 경쟁을 넘으라

한인교포 2세 중에 하버드 경영대학원의 석좌교수로 재직하면서 본인의 강의를 묶어 발간한 "디퍼런트"라는 제목의 책이 있다. 동일함과 평범함이 가득하고, 그 속에서 끝없이 경쟁하며 살아야 하는 현대 사회에서 이제는 "넘버원"이 아닌 "온리원"(Only One)이어야 하는 과제에 대해 설명한 내용이다.

책 안에 담긴 "경쟁할수록 평범해지는 이유", "평가할수록 성과가 제자리인 이유", "치열한 경쟁에서 남는 것은 자기 파괴뿐"라는 부제들을 보면 단순히 경쟁을 부추기는 내용들이 아니라는 사실을 알게 된다.

비교와 경쟁 속에 살다보면 결국 스스로 무너지게 된다. 나자신을 남들과 비교하고, 남들처럼, 남들만큼은, 남들보다는 더

잘해야 한다는 강박적 생각들이 개인과 사회를 병들게 한다. 우울증, 거식증, 폭식증, 공황 장애, 자살 충동의 뿌리도 여기에 있다. 사람들의 병적인 비교의식, 경쟁의식은 어린 시절이나 과거의 상처와 관계가 깊다고 한다. 지나친 기대를 받고 살았다든가, 경쟁을 강요당하고, 반대로 늘 비교와 편애를 당했던 기억들이 요인이다. 그런 상처들이 자존감을 무너뜨리고, 열등감을 가리는 방어 기제로 성공에 대한 욕망과 경쟁, 허영심과 과시 욕구를 만든다고 한다.

성경은 우리가 이 비교의식과 경쟁의식에서 해방되는 길을 어떻게 설명할까?

첫째는 하나님이 모든 인생을 완벽한 계획을 가지고, 자기 형상대로 지으시고, 각자가 누릴 축복을 주셨다는 사실부터 붙잡으라는 것이다(창1:16-28). 진화론에서 말하는 대로 단세포의 세포 분열과 생존을 위해 적응하고 투쟁하면서 어쩌다 진화되어진 존재가 아니라는 것이다.

둘째는 성경은 아담이 타락한 천사인 마귀에게 속아 스스로 교만에 빠져 불순종함으로 하나님과의 관계가 깨지면서 모든 문제가 시작되었다고 말씀하신다. 그러나 이 인생을 향한 하나님의 본래 계획과 축복을 회복해주기 위해 그리스도를 보내셨다는 것이다. 누구든지 그리스도를 자기 안에 영접하는 자는 하나님과의 화목이 이루어지고(엡2:13-18), 그 안에 성령이 함께 하시면서 그를 세상을 치유하고 살리는 증인으로 세우신다는 것이다(행1:8).

셋째는 이제는 나의 연약함과 부족함을 솔직히 인정하고, 늘 그 그리스도 안에 있는 은혜와 능력 안에서 살라는 것이다. 이때 우리는 약할 때 강하게 하시는 하나님의 진정한 다른(Different) 능력, 유일한(Only and Unique) 능력을 체험하며 사는 것이다. 이 속에 있는 나를 통해 하나님은 끝없는 경쟁과 싸움 속에 있는 인생과 세상을 화목하게 하시겠다는 것이다. 성공하려고 경쟁하지 않아도 하나님은 그 이유 때문에 그들을 성공의 자리로 보내셨다.

아브라함 링컨 대통령이 어느 큰 집회에 들어가는데 누군가가 "가까이서 보니 링컨도 별거 아니네" 라고 말했다. 그때 링컨은 웃으면서 이렇게 답했다고 한다. "주님은 별거 아닌 사람을 더 좋아하신답니다. 그러니까 별거 아닌 사람들을 이렇게 많이 만들어 놓으셨겠지요"

마약 중독 치유

　웨스트버지니아에서 마약 중독자들을 치유하는 일에 헌신하고 있는 미국 목사를 만나고 왔다. 알콜 중독자들이 많은 가정에서 성장했고, 젊은 시절 다른 형제들과 마약 중독에 빠졌다가 본인만 하나님의 은혜로 치유 받아 교도소에서 마약 중독 재소자들을 위해 자원 봉사를 한다고 한다.

　이 목사가 섬기는 교회의 담임목사를 만나고 충격적인 소식을 들었다. 이 웨스트버지니아는 미국 전체에서 마약 중독율이 가장 높은 주로, 연방 정부와 함께 마약 퇴치를 위해 전쟁을 하고 있지만 거의 절망의 수준에 이르렀다는 것이다. 일년 전에도 38세인 자신의 조카가 마약 과다 복용으로 인해 죽었고, 수년 전에는 대형 할인점에서 직원 채용을 위해 신원 조회와 함께 마약 검사를 했는데, 2000명 중에 마약 검사를 통과한 사람은 불과 75명이었다고 한다.

웨스트버지니아의 문제만이 아니다. 미국 전체의 심각한 문제가 되었고, 이제는 이 시대의 문제가 되었다. 한국도 더 이상 마약 청정지대가 아니다. 유럽과 중동을 비롯해서 아프리카에서까지 심각한 상황이다. 2016년 세계 마약 문제를 위한 유엔의 특별 총회 이후에 펴낸 보고서에 의하면 전 세계의 약 2억 5천만명이 마약에 빠져 있다고 한다. 미국에서는 중학교에서부터 경찰들이 직접 나서 학생들과 학부모들에게 마약에 대한 예방 교육을 하고 있지만 실제로 학교에서 가장 쉽게 구할 수 있는 것이 마약이라고 할 정도가 되었다.

마약을 한두 번 경험해서 모두 중독이 된다고는 할 수 없다. 마약에 중독되는 이유는 그들이 마약에 중독될 수 밖에 없는 가정의 배경과 주변 환경, 더 나아가 그들 내면의 정신적, 영적 상태이다.

이사야 61:1에 보면 그리스도는 마음의 상처를 치유하시고, 포로 된 자에게 자유를, 갇힌 자에게 놓임을 전파하기 위해 오셨다고 했다. 마약을 비롯해서 각종 중독에 빠지는 사람들의 내면에는 자기도 모르는 상처들이 쓴 뿌리처럼 자리 잡고 있다. 쉽게 마약을 경험할 수 밖에 없는 환경적인 요인과 함께 그 내면 속에는 오래 된 외로움, 분노, 두려움, 절망감 같은 마음의 상처들이 마약에 빠지게 하는 요소가 된다. 이들을 마약을 쉽게 구할 수 있는 환경에서 격리시켜 심리적인 지원과 함께 약물 치료를 하는 것도 중요하다. 중독 재활센터에 주로 하는 일들이다. 그러나 중독 센터를 벗어나면 다시 중독에 빠지는 일들이 반복되는 현실이다.

교회만 할 수 있는 일이 있다. 마약에 빠져 중독에 이를 때는 대부분 오랜 시간 뇌에 각인되고 뿌리를 내린 상처가 발전해서 반드시 영적인 문제와 연결되기 때문이다. "포로가 되고, 갇힌 상태"는 바로 어둠의 영에 포로가 되고 잡힌 상태를 의미한다. 그래서 환경 치유, 마음 치유, 약물 치유와 함께 가장 중요한 것이 영적인 치유이다.

그들을 어둠의 영에서 해방시켜줄 수 있는 분은 하나님이 아들로 오신 그리스도 한 분 뿐이다. 중독자들이 그리스도를 만나 어둠의 영에서 벗어나야 한다(골1:13-14). 그리고 계속 그리스도의 생명과 능력의 말씀이 뇌에 각인된 것을 바꾸고 뿌리를 내리도록 만들면 된다(히4:12). 그때만 성령의 능력이 역사하면서 근본적이고 완전한 치유가 시작된다. 지난 25년 동안의 목회 속에서 마약 중독자들이 이렇게 치유되어 새로운 인생을 살고, 또다른 중독자들을 살리는 증거를 보아왔다.

마약 중독 치유, 교회가 올바른 복음을 가지고 일어나야 할 때이다.

도박 중독
치유

한인 사회의 도박 문제가 심각하다. National Harbor에 대형 호텔과 카지노가 들어선다고 할 때부터 염려했던 일들이다. 가까운 거리이다 보니 일하다가도 갈 수가 있고, 일이 끝나면 가서 밤새도록 도박에 빠진 사람들이 많다고 한다.

그 도박에 빠져 고생해 번 돈을 다 잃어버리고, 그 잃은 돈을 회복하기 위해 크레딧 카드를 사용하거나 돈을 빌려 빚더미가 쌓이고, 그 돈을 갚지 못하면서 신용 불량자가 되기도 한다. 그러면서 심리적인 황폐를 겪고, 사회에서 고립될 뿐 아니라, 가정까지 무너지는 사람들이 속출하고 있다.

도대체 사람들은 왜 이렇게 도박에 유혹되어 결국 도박 중독에 빠지게 될까? 일단 정신과에서는 도박 중독을 뇌 질환의 일종으로 본다. 어떤 이유든 뇌의 조절 기능이 약해진 사람이 도박 환경에 노출되면 쉽게 중독에 빠진다는 것이다.

특히 우울증 환자들은 도박 중독에 빠지기 쉽다고 한다. 그래서 항 우울제나 중독 치료제인 날트렉손 같은 약을 사용하여 치료해야 한다고 한다. 심리적으로는 내면의 상처와 심리적인 결핍을 겪는 사람들이 보상 행동으로 이런 도박에 빠지는 경우도 많다. 단순한 호기심이나 짜릿한 쾌감을 찾으면서 시작된 것도 이 과정을 거쳐 간다고 한다. 일단 도박에 빠지면 자기 의지로 끊기가 어렵다. 잠시 도박을 끊어도 우울증, 불안감, 불면증 등의 금단 증상이 나타나 반드시 다시 도박장을 찾게 된다.

이 도박 중독에서 빠져 나오는 길은 무엇일까?

첫째는 자신이 중독에 빠져있는 것을 인정하고 치료 받고자 해야 한다. 다른 중독과 마찬가지로 도박 중독자도 자기의 중독 상태나 그것을 치료해야 하는 병으로 인정하지 않는 것이 문제다.

둘째는 자기 문제를 공개하고 지원을 받아야 한다. 중독에 빠지게 된 심리적인 요소나 지금 겪고 있는 외로움과 두려움의 고통을 공개하고 심리적인 지원과 약물 치료도 필요하다. 이때 가족들의 격려와 지원도 중요하다.

셋째는 영적인 지원이다. 어떤 문제이든 결국 인간의 문제는 영적인 것과 연결되어 있다. 잘못된 생각과 상처의 감정들이 우리의 뇌 뿐 아니라 영혼 속에 자리 잡으면 치명적인 영적 문제가 된다. 자기도 모르게 어둠의 영에 붙잡히게 된다. 하나님은 그 영적 문제를 치유하기 위해 그리스도를 보내셨다(사61:1).

그 그리스도가 내 인생의 참 주인이 될 때 그 분은 나를 정죄하는 것이 아니라 나를 실패한 모든 것에서 우리를 끝까지 포기하지 않고 치유하신다고 했다(요13:1, 빌1:6). 무엇보다도 나의 뇌와 영혼 속에 오랫동안 각인된 상처, 죄책감, 열등감을 바꾸는 구체적인 방법은 하나님의 말씀을 지속해서 붙잡는 것이다.

그리스도를 바라보고, 그 말씀이 각인될 때 에스겔 골짜기의 마른 뼈들처럼 황폐해진 영혼 속에 하나님의 생기가 들어가고(겔37:9-10), 영, 혼, 육신, 골수까지 치유하는 역사가 일어난다(히4:12). 그 언약의 말씀을 붙잡을 때 하나님은 하늘의 천군과 천사를 보내어 그 말씀을 이루실 것을 약속하셨다(시103:20-21). 그때에 나를 붙잡고 있는 흑암 세력들이 무너지는 것을 체험하게 될 것이다.

교회가 중독자들을 정죄하고 포기하는 것이 아니라 그들을 치유하는 교회로 일어나야 한다.

증오 범죄의 영적 해답

    스파에서 일을 하는 네 명의 한국계를 포함하여 여덟 명의 사람들이 희생당한 아틀란타 총격 사건으로 인해 계속 되는 인종 편견과 증오 범죄에 대한 대책이 심각하게 요구되고 있다. 그 곳을 방문한 대통령은 증오와 폭력에 대해 침묵하지 말고 목소리를 내고 행동할 것을 촉구하기까지 했다.

    총기 규제 여론이 다시 일어나고, 증오 범죄에 대처하는 방법을 담은 매뉴얼들도 나오고 있다. 증오 범죄에 대처하는 정부의 대책도 중요하지만 특히 미국 안에 모든 인종들이 서로의 생명을 귀히 여기고, 평화와 화합을 만드는 문화를 만드는 일이 시급하다. 그런 점에서 교회가 다인종, 다문화 속에 함께 하며, 다민족 사역에 집중하는 일은 참으로 중요하다.

교회가 올바른 다인종, 다문화, 다민족 사역을 하려면 모든 갈등을 뛰어넘게 하는 영적 해답이 있어야 한다.

사람들이 무너지고, 세상에 고통과 저주가 계속되는 영적인 이유부터 알아야 한다.

첫째는 영적인 무지이다. 하나님을 만나지 못한 인생은 영적 세계에 무지하기 때문에 개인과 세상이 당하는 문제 속에 역사하는 어둠의 영인 사단의 역사를 알 수가 없다(엡2:1-3). 성경에 이 사단은 열심히 살고 착하게 살아도 인생을 죽이고 멸망시키는 도적과도 같다고 했다(요10:10).

둘째는 이 영적 문지에서 오는 영적 문제이다. 인생의 미움, 분노, 폭력, 전쟁이 더해져 가는 이유이다. 완전했던 첫 인생 아담과 하와가 실패하고, 그 아들 가인이 동생을 돌로 쳐서 죽인 일이 벌어진 이유가 그것이다. 예수님은 처음부터 살인한 자요 거짓을 만드는 자가 사단이라고 직접 말씀하셨다(요8:44). 교회를 다니면서도 이런 영적인 사실을 모르면 사단에게 처절히 속고 당하게 된다. 이번에 아틀란타 총격 사건의 주범도 교회를 잘 다니는 신자였다고 한다.

셋째는 이 영적 문제가 치명적인 영적 실패를 만들어낸다. 악한 자들이 더 악해져가는 이유다. 자기가 무슨 짓을 하는지 모르고 한다. 예수님과 첫 순교자 스데반이 자기를 죽이는 자들을 위해 기도한 이유도 이것이다(눅23:34, 행7:60). 이런 자들이 중요한 권력의 자리에 있으면 수많은 사람도 죽일 수 있는 학살과 전쟁도 서슴지 않는 일들이 벌어진다. 그래서 성경은 사단이 정사와 권세자까지 움직이는 영들이라고 한 것이다(엡6:12)

인간의 힘과 어떤 세상의 제도로도 해결할 수 없는 이 영적 문제를 해결하기 위해서 하나님은 그 아들을 보내주신 것이다(요일3:8). 영적 해답이 되어주신 것이다. 그 분이 십자가에 죽으시고, 부활하시면서 사단의 권세를 밟으시고, 사단이 영원히 그 분과 우리의 발 아래 복종할 날까지 이기게 하실 것을 약속하셨다(고전15:25, 롬16:20).

이 영적 해답이 되신 그리스도의 이름으로 기도할 때 하늘 보좌의 권세가 우리 가운데 역사하는 영적 힘을 누리게 된다. 시대마다 이 영적인 사실을 알고, 영적인 해답을 누리며, 영적인 힘을 가진 자들이 한 일은 그것이 아무리 작은 것이라도 세상을 치유하고 살리는 유일성과 재창조의 역사를 만들어냈다.

이 영적 해답으로 다인종과 다문화권을 살리는 일이 교회에서부터 시작되어야 한다.

자살은 답이 아니다

할리우드의 영화 제작자이자 억만장자인 스티브 빙이 코로나 봉쇄령 중에 우울증을 호소하다가 뉴욕에 있는 자신의 고층 콘도에서 추락하여 자살한 소식이 있었다. 한국에서는 서울시장이 성폭력에 관련해 고소를 당하면서 자살하여 사람들을 충격에 빠뜨렸다. 우리 주위에도 자살 충동의 고통을 호소하는 사람들이 많다.

도대체 자살은 왜 하는 것일까? 자살 외에는 정말 다른 길이 없었을까? 자살은 절망의 끝이고, 우울증의 끝이라고 생각을 한다. 과연 자살이라는 극단적인 방법을 선택하면 절망과 우울증이 끝나는 것일까?

성경에도 자살로 인생을 마친 대표적인 사람들이 있다. 구약에는 전쟁에서 패하고 자살로 마친 사울 왕이 있고(대상10:4), 신약에는 예수님을 은 30개에 팔고 죄책감에 자살한 가룟 유다가 있다(마27:3). 각자의 실패와 죄책감을 이기지 못하고 자살한 경우이지만 분명히 그것만이 답은 아니다.

예수님의 열두 제자 중에 한 사람이었던 베드로도 예수님을 부인하고, 저주하고, 알지 못한다고 맹세한 사람이다. 그러나 베드로가 다른 것은 같은 실패와 절망 속에서도 내 인생 문제를 해결하실 그리스도께로 나왔다는 것이다. 그 실패를 통해서 오히려 훗날 자기 같이 실패한 사람들을 도우면서 많은 사람을 살리는 전도자로 쓰임 받는 참 제자가 된다.

어떻게 그것이 가능할까? 먼저는 모든 사람을 사랑하셔서 우리의 허물과 연약함과 실패까지도 스스로 담당해주신 그리스도가 있기 때문이다. 그가 우리를 위해 죽으심으로 우리를 향한 하나님의 사랑을 확증하셨다고 했다(롬5:8).

이 그리스도를 영접하고 구원받은 자들을 주님은 끝까지 포기하지 않고 우리의 구원을 이루어 가실 것을 약속하셨다(빌 1:6). 그것을 위해서 그리스도는 믿는 자 안에 성령이 함께 하실 것을 약속하셨고, 영원히 우리를 고아처럼 버려두지 않을 것이라고 했다(요한14:16-18). 외롭고 절망스런 그 시간에, 실패하여 부끄러운 그 시간에도 그 성령이 나를 버리지 않으심을 믿고, 그 분의 도우심을 구하면 된다. 형제에게 노예로 팔려간 요셉과 죽을 것만 같은 사망의 골짜기를 경험한 다윗도 이 은혜를 체험한 사람이다(시23:4).

그때 우리 안에 세상에서는 줄 수 없는 평안이 임하게 된다(요14:27). 술과 약물에 의지하는 것으로 해결하지 못하는 참된 용기와 희망이 생기게 된다. 그것을 성령 충만이라고 한다(엡5:18).

그때부터 우리가 알지 못하는 하나님의 새 일이 시작된다(사43:18-19). 그 성령이 역사할 때에 내 인생 속에서 일어나는 중요한 영적인 역사가 있다. 처음부터 인간을 속여 하나님을 떠나게 하고, 모든 실패와 저주와 재앙에 빠지게 한 사단의 역사가 무너지게 된다(마12:28).

인간의 모든 실패는 그냥 온 것이 아니다. 사울 왕이 실패를 거듭하며 자살에 이르기까지 이미 어느 날 영적으로 시달리는 일이 시작되었다(삼상16:14). 가룟 유다도(요13:2), 베드로도 마찬가지였다(눅22:31). 그러나 베드로가 다른 것은 같은 실패와 절망 속에서도 끝까지 내 인생 문제를 해결하실 그리스도께로 나왔다는 것이다. 그래서 그리스도는 마귀의 일을 멸하신 하나님의 아들이시다(요일3:8).

스트레스와 탈진을
극복하는 길

　　코로나 판데믹이 계속되면서 사람들에게 스트레스가 쌓여
가고 있다. 직업을 잃고 경제적인 어려움을 겪으면서 오는 스트
레스도 있지만 반대로 온라인으로 일하면서 너무 많은 일에 탈
진에 빠진 사람들도 많다.

　　원래 이 탈진(Burn out)이라는 말은 1970년대에 로버트 프라
우덴버거라는 심리학자가 최초로 사용했다고 한다. 비전과 목
표를 향해 열정을 가지고 가는 전문 직업인이 나중에는 육체,
정서, 정신적인 에너지를 과도하게 소모해서 피로, 무력감, 절망
감, 좌절감에 고통을 당하는 상태를 의미한다.

　　탈진의 주 원인은 과도한 스트레스이다. 스트레스는 라틴어
의 "Strictus"에서 온 단어로 "팽팽하게 죄다"라는 뜻이다. 적절

한 스트레스는 행복감과 성취감을 가져다 줄 수 있는 좋은 스트레스(eustress)될 수 있지만 과도한 스트레스는 영적, 심리적, 신체적 손상을 주는 나쁜 스트레스(distress)가 된다.

쉴 틈 없이 계속되는 과도한 업무에서 올 수도 있고, 강한 책임감, 완벽주의, 일 중독에 가까울 정도의 열심 체질과도 관계가 있다. 노는 것처럼 일을 좋아하고, 일이 없으면 불안과 초조감을 느끼는 상태가 되면 거의 일 중독증 수준이다. 반대로 낮은 자존감이나 낮은 소명감을 가지고 일을 하고, 그 일의 결과도 좋지 않고, 그로 인해 비판이나 비난을 받을 때에도 스트레스가 증가하게 된다.

탈진이 시작되면 여러 증상이 나타난다. 신체적으로는 피로감이 계속되고, 미열이 나고, 식욕 상실, 편두통, 불면증, 위장장애, 탈모, 체중 증가나 감퇴, 성적 욕구의 감퇴, 심장 이상 증후를 경험하게 된다. 정신적으로는 개인이나 업무에 대한 환멸감, 패배감, 분노, 우울증이 찾아오고, 타인에 대해서는 짜증이나 권태감이나 냉소적이 되고, 일에 대해서는 조급함, 집중력 감퇴로 인한 건망증, 누군가를 의심하는 피해망상적인 태도가 계속된다.

이 정도 상태가 되면 영적으로도 불신앙에 빠지게 되고, 영적 고갈 상태가 된다. 성경에 엘리야가 우상 숭배에 빠진 아합 왕과의 대결이 계속되면서 이런 영적 탈진과 고갈 상태까지 갔던 기록이 있다. 엘리야가 지친 모습으로 광야로 들어가 로뎀나무 아래서 잠이 들었는데, 이때 하나님은 천사를 보내어 엘리야를 어루만지시고 숯불에 구운 떡과 물 한 병을 주신다. 그 힘으로 사십일을 더 걸어 호렙산으로 들어갔을 때 거기서 세미한 하나님의 음성을 듣게 된다. 자신을 돕고 자신을 계승할 엘리사를 찾아 기름을 붓고, 하나님이 남겨놓으신 칠천 제자들이 있음을 알게 된다.

인생의 영원한 해답으로 오신 그리스도는 우리에게 "수고하고 무거운 짐진 자들아 다 내게로 오라 내가 너희를 쉬게 하리라"(마11:28)고 세미한 음성을 들려주신다. 천사를 보내어 주신 음식과 물처럼 체력에 도움이 될 적절한 휴식과 음식과 운동도 중요하다. 특히 하나님이 준비해주신 사람들과의 만남을 통해 서로를 격려하고 함께 미션을 나누는 팀 사역, 협력 사역을 할 수 있는 것도 큰 해답이다.

무속인과 시달리는 분들에게

영적 문제에서 빠져 나오는 길(1)

대한민국에 등록된 무당과 역술인이 40만을 넘어섰다고 한다. 사회가 어렵고, 특히 경제가 어려울 때 무당과 역술인을 찾는 사람들이 많기 때문이라고 한다. 이민 사회에도 무당과 역술인을 찾는 사람들이 증가하는 추세다. 일부에서 무당은 샤머니즘을 근거로 한 민속 신앙 종사자이고, 역술인은 주역과 명리학과 관상학을 근거로 한 통계적인 미래 예측일 뿐이라고 주장하기도 한다.

하나님의 백성은 이 무속을 어떻게 받아들여야 할까? 성경은 하나님의 백성이 귀신을 소통하는 신접자나 죽은 자의 혼을 불러내듯이 하는 초혼자와 무당들과 점을 쳐서 길흉을 말하는 자들을 가까이 해서는 안 된다고 말씀하셨다(신18:9-12). 그들은 결국 귀신의 능력을 받거나 귀신을 섬기는 사람들이기 때문이다(고전10:20). 한번 귀신의 도움을 받은 자들은 계속 그들의 지배 아래 있어야 하기 때문이다. 지식으로 배워서 무당이나 역술인을 직업으로 가진 사람도 있지만 능력이 나타나는 무당일수록 귀신을 실제로 체험한 사람들이 대부분이다. 그러나 그것은 실제적인 고통을 동반한 영적 문제들이다.

그런 분들이 무당이 된 사연을 들어보면 소위 병명도 모른 채 고통을 겪는 신병을 앓거나 남의 길흉을 보고 말하는 것으로 시작한다. 거기서 빠져 나오려고 애썼으나 해결 할 수가 없어 결국은 운명으로 받아들이고 내림굿을 해서 무당이 된 사람들이 대부분이다.

그들 중에 많은 사람은 집 안에 무속인이 있었다는 것이 공통점 중에 하나다. 한 가문에 흐르는 어두운 영적 흐름을 끊어낼 수가 없었던 것이다. 무속인이 된 사람들의 대부분은 자기 자녀까지 그 길을 가기를 원하는 사람은 없다. 30년 연기자로 살다가 신병을 앓고, 두 자녀가 사고로 죽으면서 무속인이 된 정호근씨는 외할머니가 무속인이었다고 고백하기도 했다.

안타까운 것은 교인들까지 이런 무속인이나 역술인을 찾고 있다는 사실이다. 어려움과 실패가 계속되거나 환청을 경험하는 사람일수록 더욱 그렇다. 한 때 북한 지도자의 죽음을 예언

했다고 알려져 유명해진 심진송씨는 어머니가 권사였다고 한다. 그녀가 쓴 책에는 자신도 그 신병에서 빠져 나오지 못해 무당이 되었고, 기독교인들이 자신에게 찾아와 도움을 받은 실례들을 밝히기도 했다.

1980년대 하이틴 스타로 유명했던 박미령씨는 결혼을 하고 자녀를 낳았지만 신병을 앓다가 이혼까지 하고 무속인의 길을 가는 사람이다. 그녀 역시 할머니가 무속인이었다고 한다. 어느 다큐멘터리에 나와 무속인의 길을 거부하기 위해 자살도 시도하며 몸부림을 했지만 결국 해결할 수 없었다고 눈물로 고백하는 모습은 보는 이들의 마음을 아프게 했다.

과연 그 분들이 빠져 나오는 길이 없었을까? 우리가 해결할 수 없는 이런 영적 문제를 해결하기 위해서 하나님은 그리스도를 보내신 것이다. 다음 글에서 이 그리스도를 정확히 알고 믿을 수 있도록 도왔을 때 시달리는 분들이나 무속인들이 실제로 해방 받은 사역을 나누고자 한다(계속).

영적 문제에서 빠져
나오는 길(2)

대한민국 육군 특전사 상사로 제대하고, 트롯트 가수로서와 〈강철부대〉라는 예능 프로그램에서 사랑을 받고 있는 박준우라는 연예인이 있다. 이혼하고 암까지 걸린 어머니를 도와 어려서부터 중국집 배달을 하면서 어렵게 살았고, 그 어머니를 돕기 위해 특전사에도 입대했지만 곧 돌아가셨다고 한다.

그가 어느 무속인을 찾아가 점을 치는 모습이 유튜브에 있다. 거기서 외할머니는 무당이었고, 그 어머니도 신병을 앓은 분이었다는 사실을 들으면서 기회만 된다면 이 형제에게 이런 영적 문제의 완전하고 유일한 해답이 되신 그리스도를 전해주었으면 하는 마음이 간절해졌다.

왜 그리스도만이 해답이 될까?

첫째로 그리스도는 절대로 빠져 나올 수 없는 이런 영적 문제를 해결하기 위해서 오신 하나님의 아들이기 때문이다. 성경에는 쇠사슬에 묶여도 그것을 끊어내고 돌로 자기 몸을 해하던 사람에게 들어간 귀신이 이 그리스도가 하나님의 아들인 것을 알아보고 벌벌 떨다가 쫓겨 나간 기록도 있다(막5:1-15).

둘째로 그리스도는 "기름부음을 받은 자"라는 뜻으로 제사장, 선지자, 왕이라는 영적 권세를 가지고 인생의 근본 문제를 해결하셨기 때문이다. 제사장 권세로는 십자가에서 죽으심으로 인간을 죄와 저주에서 해방시켜주셨다(막2:10, 롬8:1-2). 선지자 권세로는 죄 때문에 무너진 하나님과의 관계를 회복할 수 있는 길이 되어주셨다(요14:6, 행7:37). 왕의 권세로는 인간을 죄에 빠지게 하고 하나님과의 관계가 끊어지도록 속인 마귀의 머리를 밟으시고(창3:15), 그 마귀의 일을 멸하신 것이다(요일 3:8). 이 그리스도를 영접한 자 안에는 그 분의 권세와 능력이 함께 하기 때문에 모든 저주와 고통을 주는 영들은 쫓겨 갈 수밖에 없는 것이다.

세째로 누구든지 그 그리스도를 인생의 주인으로 영접할 때 하나님 자녀가 되는 권세를 얻기 때문이다(요1:12). 하나님의 자녀이기 때문에 성령이 함께 하시고, 성령이 인도하시며, 성령의 역사가 시작되는 것이다. 그 성령은 창조의 영이시고, 곧 하나님의 영이시다. 마귀와 귀신의 영들은 천사로 창조되었으나 타락하여 세상으로 쫓겨난 영들이다. 무속에서는 죽은 조상이 귀신이 되어 찾아온다고 하나 실상은 타락한 귀신의 영들이 조상의 모습으로 가장하여 속이는 것이다(고전10:20).

"무릇 이방인이 제사하는 것은 귀신에게 하는 것이요 하나님께 제사하는 것이 아니니 나는 너희가 귀신과 교제하는 자가 되기를 원하지 아니하노라"(고전10:20)

목회 30년 동안 이 그리스도를 깨닫도록 도우면서 영적 문제에 빠진 분들을 살리는 사역을 할 수 있었다. 대한민국의 부산에서 만난 어느 무속인은 가난했던 어린 시절에 머물 곳이 없어서 주일학교를 다니며 예배당에서 잠을 자곤 했는데, 어느 날부터 밤마다 귀신의 소리가 들리고, 극심한 병이 찾아왔다고 했다. 간절히 기도도 하고, 목사님께 도움을 요청했지만 다른 길이 없었다고 했다. 결국 아버지의 손에 이끌려 굿을 해서 그 병이 끝났지만 결혼 후에 또 그런 일이 찾아왔고, 끝내 신내림 굿을 해서 무당이 되었다고 했다.

그 분에게 교회를 다닐 때 그리스도의 권세에 대해 알았냐는 것과 그 분을 인생의 주인으로 영접해 본 적이 있냐고 물었다. 예상대로 처음 듣는 말이라고 고백했다. 몇 시간의 깊은 대화 속에서 마침내 그 분은 눈물로 그리스도를 영접했고, 새로운 삶을 시작할 수 있었다(계속).

영적 문제에서 빠져
나오는 길(3)

한국 피겨의 유망주였던 최원희는 23세에 무속인이 된 청년이다. 유튜브에 실린 인터뷰를 보면 어린 시절부터 귀신의 소리를 들었고, 피겨 중에도 귀신이 보여 제대로 점프와 착지를 못하던 시간도 많았다고 한다. 수없는 고통을 당하다가 결국 내림굿을 하고 무속인이 되었다고 한다. 그렇게 살아야 하는 현실을 받아들일 수가 없어 수많은 날을 울었고, 지금은 운명으로 알고 산다고는 하나 그 모습이 참으로 가여울 정도다.

이런 고통을 겪으면서 무속인이 되지는 않더라도 자주 악몽을 꾸고 가위에 눌리며, 귀신의 환각을 보며, 환청에 시달리는 사람들이 많다. 사람들은 적당한 휴식과 심리적 치유와 약물로 치유될 수 있다고 한다. 그러나 의학적 치료로도 해결하지 못하고 계속 악화되며 고통을 겪는 사람들이 많은 것이 문제이다.

성경에 사울 왕은 이스라엘의 왕이면서도 내면에는 악신에 붙잡혀 번뇌가 가득한 사람이었다. 하나님의 영에 충만한 다윗이 그를 위해 찬양할 때 그 악신이 떠나며 마음이 회복되었다고 했다(삼상16:23).

결국 이런 영적 문제를 해결하실 수 있는 분은 창조주 하나님 밖에 없다. 그 하나님이 보내신 분이 아들이신 그리스도이시다. 그리스도는 성령으로 "기름부음을 받았다"는 의미로 그분이 가지신 권세를 의미한다. 이 그리스도께서 우리의 죄와 저주를 대속하실 뿐 아니라 마귀에게 눌린 자를 고치시고(행10:38), 그 마귀의 일을 멸하시기 위해 오셨다고 했다(요일3:8). 이 그리스도를 알고, 그 분을 인생의 주인으로 영접해서 하나님의 자녀가 되는 날부터 절대 빠져 나올 수 없다고 믿었던 이런 문제들은 끝난다(요1:12).

"영접하는 자 곧 그 이름을 믿는 자들에게는 하나님의 자녀가 되는 권세를 주셨으니"(요1:12)

이런 영적 문제가 계속된 가문과 가정에서 살아온 사람이

나 오랜 상처와 트라우마 속에 시달리거나 환청을 들었던 사람들은 이 그리스도가 내 안에 각인되고, 뿌리를 내리고, 체질이 되는 시간이 필요하다. 영혼은 구원 받았지만 뇌 속에는 여전히 어두운 생각과 불안, 외로움, 분노의 감정들이 자리 잡고 있기 때문이다. 그것을 치유 받지 못하면 잘못된 것에 집착해서 중독에 빠지거나 심각한 정신 문제를 겪기도 한다.

그래서 그리스도를 영접하고 그 안에서 하나님의 자녀가 된 다음에 할 일이 있다. 지속해서 그 분을 바라보고 체험하고 누리는 것이 필요하다(히12:1-2). 그 시간이 예배이고, 말씀을 묵상하는 시간이다. 영적인 말씀이 내 안에 자리 잡을 때 그 말씀이 마음과 생각을 치유하고 골수까지 살린다고 했다(히4:12). 그래서 누군가를 치유하며 도울 때는 지속이 중요하다.

사람들이 겪고 있는 이 영적 문제와 이 문제를 해결하신 그리스도를 올바로 깨닫기 전까지 내 사역은 평범한 목회 사역이었다. 그러나 영적 문제의 유일한 해답되신 그리스도를 깊이 알고부터 영적으로 정신적으로 시달리고, 수없이 자살 시도까지 했던 많은 사람들을 도울 수가 있었다.

우리 주위에는 이런 영적 문제에 고통을 당하는 분들이 많다. 부디 그들이 이 그리스도를 통해 하나님이 주시는 참된 해방을 누리기를 기도한다.

4차 산업혁명 시대

비대면 시대의
영적 써밋

    코로나 팬데믹으로 인해 비대면 시대가 열리고 있다. 본래 이 비대면 활동은 미디어와 컴퓨터를 통한 첨단 정보 통신 산업과 인공지능과 로봇이 이끄는 4차 산업혁명의 대표적 현상이다. 코로나 팬데믹이 그 시대를 급하게 앞당기는 결과가 되었을 뿐이다.

    비대면 활동이 사람들을 편리하게 만든 면도 있으나 그로 인해 엄청난 고통이 올 것을 내다보고 있다. 계속 수많은 직업이 없어지고, 매일 먹고 사는 것을 걱정하고 살아야 하는 소위 "프레카리아트" 그룹이 급증할 것이라고 한다. 이미 수퍼 컴퓨터 앞에서 질문하고 공부하는 학교들이 세워지고 있다. 질병도 비대면으로 진단해 약까지 보내주고, 수술도 인공 지능을 가진 로봇이 더 완벽하게 하는 시대가 온다는 것이다. 건축 분야도 마찬가지다. 중국에서는 10층의 아파트를 28시간 만에 조립식으로 완성하여 화제가 되었다.

그러나 가장 심각한 문제는 비대면이 계속되면서 사람들에게 찾아오는 정신 문제이다. 절대 빈곤이 계속되고, 사람들과의 관계가 닫히면서 외로움, 좌절감에서 오는 우울증, 공황장애, 분노조절 장애, 정신분열이 급증하고 있다.

영국의 일간지 가디안은 학자들의 의견을 종합해서 비대면 활동과 재택 근무가 계속되면 머리 속에 멍한 느낌이 계속되는"팬데믹 브레인"증상이 나타날 것이고, 마치 지하 벙커에 오래 갇혀있다 풀려난 사람의 뇌처럼 변형될 것을 기사로 실었다.

아울러 비대면으로 모든 것이 빨라지다 보니 사람들은 조급하고, 자기에게만 집착하고, 쉽게 배신하는 시대가 되었다. 이미 하나님 말씀인 성경은 이런 고통의 시대를 예언했고(딤후3:1-5), 그것이 마지막 때의 징조라고 말씀하셨다.

하나님의 사람은 이런 시대 앞에 당당히 맞붙을 수 있는 본질적인 것을 회복해야 한다. 그것이 영적인 축복이다. 영적인 것은 눈에 안 보이나 실재하며 모든 것을 초월한다. 그래서 영적 사실은 비대면 중에 비대면이다.

세가지의 오직을 붙잡을 때 나를 살리고, 세상을 살리는 일이 시작될 것이다.

첫째는 오직 그리스도이다. 그리스도는 인생 모든 문제의 절대 해답이다(요19:30). 모든 저주, 운명, 사단, 지옥 권세에서 해방 받고, 완전 승리하는 비밀이다. 그것을 위해 죽으시고 부활하신 분이 그리스도이다.

둘째는 오직 하나님 나라이다. 성도가 누릴 절대 배경과 절대 미션이다. 구원받은 성도는 천국 시민권을 가지고, 하늘 배경을 누릴 자가 된 것이다(빌3:20). 성령이 우리 안에 함께 하면서 그 분의 다스림을 받게 된 것이다(막17:21). 그때 하나님이 주시는 의와 평강과 기쁨이 체험되고(롬14:17), 영적 어둠의 세력들이 무너지고(마12:28), 내가 있는 자리에 빛이 임하는 것이다(벧전2:9). 그것이 하나님 나라이다.

셋째는 오직 성령의 능력이다(행1:8). 우리의 능력으로는 나 자신도 바꾸기가 어렵다. 그래서 성령의 능력을 바라보라는 것이다.

하나님이 주신 이 영적 축복을 회복할 때 우리는 비대면 시대를 이끄는 참된 써밋으로 설 것이다.

민간인 우주여행
시대

    민간인 우주 여행 시대가 열리고 있다. 버진 애틀란틱 그룹의 회장 리차드 브랜슨에 이어 세계 제일의 부자가 된 아마존의 회장 제프 베이조스가 본인의 회사가 만든 우주선을 타고 10분간의 우주 여행을 성공적으로 마치고 돌아왔다. 곧 테슬라의 일론 머스크나 빌 게이츠도 이 대열에 합류한다고 한다.

    제프 베이조스는 우주 여행을 마친 뒤 인터뷰에서 이 우주여행은 아마존에서 일하는 직원들과 고객들이 벌어준 돈으로 이루어진 것이라고 인사를 하면서 20만불이면 누구라도 이 우주여행에 동참할 수 있다고 홍보하는 여유를 부렸다. 그의 마지막 목표는 파괴되어져 가는 지구를 대신해 우주에 인공 중력 상태의 신도시를 건설하는 것이라고 했다. 2천불도 없는 일반인들에게 20만불은 엄청난 돈이기도 하지만 결국 우주에 건설하는 도시는 그런 부와 권력을 가진 자들만의 세계라는 것을 드러낸 것이다.

이런 모습은 2013년에 개봉한 닐 블롬캠프 감독의 SF영화인 "엘리시움"을 연상하게 한다. 영화에서 지구는 인구의 폭발적인 증가로 인한 자원 고갈과 환경의 오염으로 인해 버려지는 땅이 된다. 이에 세계의 정치와 경제를 주도하는 자들이 우주에 새로운 도시인 "엘리시움"을 만들어 이주한다.

지구의 사람들은 낙후된 의료 시설들로 인해 제대로 된 치료도 받지 못하나 엘리시움의 시민들은 MRI 같은 힐링 머신으로 들어가 잠시만 누워있으면 모든 병이 치유되는 최첨단 의료 기술의 혜택을 받는 모습도 나온다. 그러면서 그들은 영생의 꿈을 이루어간다는 내용이다. 그 엘리시움은 그 곳에 살 수 있는 시민권이 없으면 들어갈 수 없는 도시이다. 결국 소수의 선택된 그룹만을 위한 도시이다. 불과 10년 전만해도 말 그대로 공상과학 영화로 여겨진 내용이 지금 이 시대에는 실감이 날 정도이다.

첨단을 향해 가는 유전 공학도 불치병을 정복할 수 있다는 희망만 주는 것이 아니다. 남녀의 결혼이나 자녀 출산도 필요 없게 만들 수 있다. 우월한 유전자를 복제해 인간을 만들지도 모른다. 그런 시대에 인간은 더 이상 동등하지 않고, 인권은 하찮은 단어가 될지도 모른다. 지구만 무너지는 것이 아니다. 인간의 근본이 무너지는 시대를 보는 것이다. 과연 이런 미래가 인류의 해답이 될 것인가?

하나님은 절대 그런 시대를 허락하지 않을 것이다. 그래서 하나님은 그 아들을 그리스도로 보내어 십자가의 죽음과 부활로 세상과 인생의 구원자가 되게 하셨다. 그 그리스도를 영접한 자들은 누구라도 하나님의 절대 사랑과 능력 속에서 새로운 생명을 가진 자의 삶을 살 수 있다. 지구는 인간의 욕심과 사단의 역사로 말미암아 심판과 멸망에 이를 것이나 하나님은 새 하늘과 새 땅을 창조하시고 구원받은 백성들이 영원한 생명과 행복을 누리게 될 것을 약속하셨다.

그 하나님은 지금도 모든 인생을 이렇게 초청하신다.

"너희 목마른 자들아 물로 나아오라 돈 없는 자도 와서 포도주와 우유를 거저 마셔라"(사55:1)

그리스도인의 성공관

하나님이 원하시는
참된 성공

가장 많은 고난을 이겨내면서 가장 성공한 민족으로 자부심을 갖는 민족 중에 하나는 유대 민족이다.

세계 인구의 0.2%도 안 되는 인구를 가지고 노벨상 수상자의 25%를 배출하고, 미국의 각 분야를 움직이는 힘을 가지고 있기에 그럴 만도 하다. 이 유대인의 성공을 배우기 위해 많은 책들을 나와 있다.

과연 이런 성공이 하나님이 원하시는 성공일까? 하나님은 유대 민족을 먼저 택하여 언약과 성전과 그리스도를 보내시고, 모든 민족을 살리는 자들로 쓰임받기를 원하셨으나 그러지 못했다(롬9:4-5). 유대 민족은 노예, 포로, 속국을 거쳐 예수님이 성전의 돌 하나도 남지 않고 무너질 것이라고 예언하신대로 지금까지 그 성전은 황폐한 채로 남아 있다.

먼저 택함 받은 유대 민족은 하나님이 원하셨던 두가지를 놓쳤다. 그것은 하나님의 아픔이 되었고, 그들의 실패와 고통이 되었다. 첫째는 하나님의 은혜로 먼저 택함을 받고 축복의 언약을 받은 그들이 그 은혜를 놓친 것이다. 은혜의 복음은 놓치고 율법, 종교, 형식, 전통의 틀에만 묶여 산 것이다. 율법에 눌려 사니까 늘 죄의식에 붙잡혀 살고, 되는 척이라도 해야 한다. 그래서 조금이라도 되어지면 자신은 깨끗한 줄 알고 남을 쉽게 판단하고 정죄하며 살게 된다. 예수님 서기관 바리새인 율법사들을 강하게 책망하신 이유가 그것이다(마23:15-36).

우리 스스로 의로울 수 없기에 하나님은 그리스도를 우리의 참 제사장으로 보내셔서 그 피로 우리를 죄와 저주, 사망 권세에서 해방시켜 주셨다(롬8:1-2). 그 율법 앞에서 나의 죄인 됨을 알고(롬3:23), 그리스도를 붙잡을 때 하늘의 복을 받을 자가 되는 것이다(엡1:3).

종교 생활에 묶여 사니까 경건의 모양은 있으나 능력은 없다. 마음을 비우고, 열심히 하나 그 안에 일곱 귀신이 들어가 더 황폐해질 거라고 했다(마12:44-45). 그리스도가 참 왕으로 오셔서 이 사단의 권세를 결박하고, 영적 승리를 약속하신 것이다(요일3:8). 형식과 전통에만 묶여 사니 하나님이 준비한 미래와

길이 안 보인다. 그래서 그리스도께서 참 선지자로 오셔서 길이 되어 주셨다(요14:6)

둘째는 그들이 하나님이 그들을 먼저 부르시고 축복하신 이유를 놓쳤다. 하나님은 아브라함을 택하여 "땅의 모든 족속이 너를 인하여 복을 받을 것이라"고 약속하셨다(창12:3). 그러나 유대인들에게 자리잡은 것은 배타적인 선민의식이었다. 아직도 다문화권에 대해 배타의식이 강한 한국 민족과 이민 교회도 가장 갱신해야 하는 부분이다.

하나님께서 한국 민족을 축복해서 이제는 세계에 선교사를 파송하는 나라가 되었다. 그러나 보내는 선교 이상으로 중요한 것이 이 땅에서의 다문화권 선교다. 그리스도 안에서 모든 민족을 품고, 함께 하는 교회로 서야 한다.

유대 민족이 이 미션을 놓쳤을 때 포로로 보내어 오히려 그곳에서 만민을 위해 깃발을 들게 하셨다(사62:10). 하나님이 안디옥 교회를 중요하게 쓰신 이유도 이것이다. 핍박으로 인해 흩어진 자들이 유대인에게만 복음을 전하는데, 그 중에 헬라인에게 복음을 전하는 사람들을 통해 세워진 교회가 안디옥교회다(행11:19-20). 주의 손이 함께 하시고, 거기서 세계를 살리는 일이 시작되었다고 했다.

참된 성공은 그리스도 안에 있는 성공이고, 모든 민족을 품고 살리는 자로 서는 것이다.

멀리 보면서 준비해야 한다

국회의사당

미국의 대통령 선거가 끝나고도 당선인을 확정하지 못한 사태 속에서도 네 명의 한국계 연방 하원의원이 확정되었다는 것은 아주 특별한 소식이다. 이 시대 강대국 미국을 움직이는 중요한 자리에서 한국인의 위상을 높일 뿐 아니라 이 나라 미국이 하나님의 뜻대로 전 세계 모든 민족과 나라를 살리는 일에 중요하게 쓰임 받기를 기도하지 않을 수 없다. 당연히 이들의 활동은 우리 한국계 이민 2세나 한국계 다문화권의 자녀들(Third Cultural Kids)에게도 큰 희망이 될 것이다.

성경에 시대에 쓰임 받은 인물들이 대부분 정치인이었던 것은 그들의 역할이 한 국가와 시대의 흐름을 좌우하고, 복음으

로 세상을 살리는 세계복음화에 얼마나 중요했는지를 말해준
다.

하나님은 노예로 팔려간 요셉을 그 시대의 강대국인 애굽의
총리로 만들어 기근의 때에 그 애굽과 주변 국가들을 살리는
일에 사용하셨다(창45:8). 강가에 버려진 모세를 애굽의 왕궁에
서는 지도자 훈련을 받게 하고, 외로운 광야에서는 그의 영성
을 훈련시켜 이스라엘을 구원하는 지도자로 서게 하셨다. 양을
치는 목자의 자리에서 다윗을 불러 신실하고 깊은 영성을 가진
지도자로 훈련시켜 전 세계에 하나님의 뜻을 이루는 왕이 되게
하셨다(시78:70-72, 행13:22).

하나님은 포로로 끌려간 다니엘을 그 땅의 총리로 축복해
서 왕들에게 답을 주는 자로 사용하셨다. 시기와 계략에 빠져
사자굴에 들어갔으나 하나님은 천사를 보내어 그를 살렸고, 왕
으로 하여금 "네가 섬기는 하나님이 참 하나님이라"고 고백하
게 만들었다(단6:26-28). "내가 죽으면 죽으리라"고 고백할 수 있
었던 에스더를 페르시아의 왕후가 되게 하여 그 땅에서 생명
건 증인으로 서게 하셨다.

하나님은 핍박자 사울을 바꾸어 모든 나라와 왕들에게 복
음을 전하는 그릇으로 사용하셨다(행9:15).

로마의 시민권자로 태어난 바울의 가슴 속에 "내가 로마도 보아야 하리라"(행19:21)는 꿈이 담기지만 그로인해 법정에도 갇히고, 죽음의 풍랑도 만나게 된다. 그러나 하나님은 거기서 바울을 살리시고 "네가 로마에서도 나를 증거해야 하리라"(행23:11), "네가 가이사 앞에 서야 하리라"(행27:24)고 확증해주신다.

시대가 어려울 때마다 하나님은 이렇게 쓰여질 자들을 "렘넌트"로 남겨놓으셨다고 했다(사6:13, 사49:6, 롬11:4). 그들은 온 세상을 타락과 재앙으로 이끌고 가는 어둠의 영들이 정사와 권세도 움직이고(엡6:12), 그들이 세계를 움직이고 있음을 알고 있다(요14:30). 그러나 이 흑암 세력의 머리를 밟으시고 승리하신 그리스도를 알고(창3:15, 고전15:24-26), 그 그리스도의 권세와 능력으로 영적인 승리를 하고, 하나님의 나라를 이루는 비밀을 가진 자들이다(마12:28, 롬16:20).

중국 고사 성어에 "교자채신"(敎子採薪)이라는 말이 있다. "자식에게 땔 나무를 캐오는 법을 가르치라"는 의미이나 당장의 필요에 급급하지 말고, 멀리 내다보며 준비하라는 뜻이다. 이런 인물들이 일어나기를 기다리며 하는 우리의 기도와 헌신이 중요한 시간이다.

낮은 곳으로 가는
영적 리더

　가정이나 교회나 세상이 어려운 시간일수록 영적 리더가 중요하다. 그 어려운 시간에 모든 사람이 하나님의 답을 얻고, 그 인도하심과 축복을 누리도록 돕는 자들이 영적 리더이다.

　일단 모든 부모는 자녀에게 영적 리더이다. 특히 어린 시절의 자녀들에게 부모의 영적 리더십은 절대적이다. 부모로부터 하나님의 말씀을 듣고, 부모의 기도 배경과 축복 속에서 자란 자녀들은 분명히 다르다. 그래서 종교 개혁자 루터는 부모는 자녀의 첫 번째 교사이고, 평생의 교사라도 했다. 목회자와 함께 교회의 중직자들은 교회에서 뿐만 아니라 세상을 위해 기도하고 헌신해야 할 영적 리더들이다.

　성도가 다른 것은 부족해도 이 영적 리더의 축복은 누릴 수

있다. 누구든지 그리스도 안에 있는 자는 새로운 피조물이라고
하셨다(고후5:17). 당장 외모와 성격과 인격이 바뀌는 것이 아니
다. 그 안에 그리스도의 영이신 성령이 함께 하시는 영적 생명
을 가진 존재로 바뀌었다는 의미이다(요일5:11-12).

"또 증거는 이것이니 하나님이 우리에게 영생을 주신 것과 이 생명이 그의 아들
안에 있는 그것이니라 아들이 있는 자에게는 생명이 있고 하나님의 아들이 없는
자에게는 생명이 없느니라"(요일5:11-12)

이전에는 내 기준과 수준으로 살던 인생이 이제는 그리스
도의 권세와 능력을 누릴 수 있는 된 것이다.

이 그리스도의 권세와 능력을 모든 문제와 사건에서 누리며
사는 삶을 영성의 축복, 영적 써밋의 축복이라고 한다. 이 축복
을 누릴 때에 나도 살고, 모든 사람을 살릴 수가 있다. 노예로
팔려간 요셉이 이 축복을 누릴 때 애굽의 왕과 그 백성을 살렸
고(창41:38), 양을 치던 다윗이 이 축복을 누릴 때 하나님의 백성
들을 하나님의 뜻대로 보살피는 참된 영적 리더로 살 수 있었
다(시78:70-72).

성경에 누구든지 그리스도의 이름으로 구원받고 세례를 받
은 자는 "그리스도의 옷을 입은 자"라고 했다(갈3:27). "그리스도

로 옷을 입었다"는 말은 그리스도의 권세를 가진 자라는 의미이다(벧전2:9).

법관과 의사와 목회자의 특징이 있다. 주어진 법으로, 의료 행위로, 말씀과 기도의 능력으로 사람이 죽고 사는 일을 한다. 그 권세는 자기의 것이 아니고 "부여되어진 것"이라는 뜻으로 공통적으로 가운(Robe)을 입는다. 그 권세를 부여해준 의미를 알고, 합당한 자세로 일을 해야 한다는 뜻이다.

육에 속한 사람들은 소유하고 지배하기 위해 높아지려고만 한다. 그런 지도자들이 많은 사회는 불행하다. 그러나 영적 정체성과 영적 축복을 누리는 자들은 낮은 자리로 내려갈 수 있다. 거기서 고통 당하는 자들을 위해 기도하고 살리는 일을 할 수 있다. 그것이 그리스도의 마음이기 때문이다(빌2:1-11).

찬송가 "구주를 생각만 해도"의 작시자인 버나드는 하나님을 사랑하는 단계를 이렇게 말했다. "사람은 먼저 자기를 위해 하나님을 사랑한다. 그 하나님의 사랑을 거듭 체험하게 되면 하나님을 위해 하나님을 사랑하고, 마침내 하나님을 위해 만민을 사랑하게 된다". 우리는 이렇게 영적 리더로 성장해간다.

영적 리더로 서라

　유엔 기구인 세계식량계획(WFP) 수장이 테슬라 최고경영자인 머스크와 아마존의 창업자인 제프 베이조스등에게 세계의 기아 문제 해결을 위한 한 번의 기부를 호소했다. 당장 먹지 못해 죽어가는 4,200만 명을 돕기 위해 필요한 60억 달러(약 7조 원)의 돈은 머스크가 가진 순 자산의 2%이고, 베이조스가 가진 순 자산의 3%의 수준 밖에 되지 않는다고 하니 마음이 씁쓸하다.

　세상은 왜 갈수록 어려울까? 교회는 왜 갈수록 어렵다고 할까? 하나님은 답도 주시고(요19:30), 길도 주시고(요14:6), 빛도 주셨으나(요1:4-5), 이 축복을 누리며 세상에 전달할 영적 리더가 없기 때문이다.

이스라엘이 무너지고 포로로 끌려갈 때 하나님은 "다윗을 만민을 위한 증인과 리더와 영적 사령관으로 세운 것 같이" 주의 백성들을 그렇게 쓰실 것이라고 약속했다(사55:3-4). 그리스도께서도 연약하고 실패한 제자들에게 "땅끝까지 이르러 증인이 되리라"고 약속하셨다. 전부 영적 리더에 대한 언약이다.

"너희는 귀를 기울이고 내게로 나아와 들으라 그리하면 너희의 영혼이 살리라 내가 너희를 위하여 영원한 언약을 맺으리니 곧 다윗에게 허락한 확실한 은혜이니라 보라 내가 그를 만민에게 증인으로 세웠고 만민의 인도자와 명령자로 삼았나니"(사55:3-4)

영적 리더에게 필요한 것은 세가지다. 첫째는 영적 리더의 정체성이다. 구원받은 성도에게 이미 주신 축복이다. 우리를 세상을 살릴 리더로 쓰시기 위해 택하시고, 천국 배경을 누릴 거룩한 나라가 되게 하시고, 그리스도의 권세와 능력을 가진 왕 같은 제사장으로 세우셨다고 했다(벧전2:9). 둘째는 영적 리더가 계속 누려야 할 영적인 힘이다. 영적인 힘이라고 하니 피상적이고 비현실적인 마치 가상 세계에서나 존재하는 것처럼 오해한다. 영적인 힘은 눈에 보이지 않으나 보이는 것을 창조하신 힘이요(히11:3), 근본적이고 영원한 힘이다(고후4:18). 그 힘은 그리스도를 믿는 자들에게 주시는 은혜의 힘이요(딤후2:1), 성도 안에 함께 하신 성령의 능력을 누리는 힘이다(고전2:10-12). 그 힘으로만 모든 사람을 살릴 수 있다(요6:63). 이 힘을 누리는 상태를 성령 충만이라고 한다. 셋째는 이 때부터 시작되는 영적 미션이다. 모든 나라와 사람을 치유하고 살리는 미션이다(막16:15-20).

성경에 쓰임 받은 사람들은 이런 영적 리더로 살았다. 그들은 하늘 보좌의 권세를 누리고, 환난과 핍박을 뛰어 넘는 시공간 초월의 능력을 누렸고, 어둠의 세력을 이기는 빛의 능력을 누린 자들이다.

미국이 세계를 살리는 나라로 서기까지 19세기 같은 시대에 쓰임 받은 영적 리더들이 있다. 구두 수선공으로 시작해 미국의 영성 운동을 이끈 디엘 무디와 많은 좌절 속에서도 모든 사람은 그리스도 안에서 자유 할 수 있다는 언약을 붙잡고(갈5:1) 흑인 해방을 이룬 링컨 대통령이 있다. 학교를 가지 못했지만 평생 주일학교 운동을 하며 백화점의 왕이요 장관까지 한 기업인 존 와나메이커가 있고, 맹인이었으나 많은 영감 있는 찬송가를 지은 크로스비가 있다. 이 시대에 하나님은 모든 주의 백성들이 이런 영적 리더로 세워지기를 원하신다.

15

서
밋
훈
련

써밋은 하나님의
관심이다

제46대 바이든 미국 대통령의 취임식 중계를 보면서 여러 생각을 했다. 이만명이 넘는 군인들의 경계 아래 취임식을 해야 하는 현실은 모든 이의 마음을 서글프게 했을 것이다. 다른 한 편으로는 과연 인간이 다스리는 세상에 완전한 통치가 있을까 를 생각하며 속히 하나님의 나라가 임하기를 바라면서 앞으로 우리 후대 중에서 다윗 같은 인물이나 링컨 같은 하나님의 답 을 가진 정치인들이 나오기를 바라는 기도가 되어졌다.

한 나라를 대표하고 이끄는 왕과 대통령을 비롯해서 자국 을 대표하기 위해 파견된 대사들을 써밋이라고 부른다. 하나님 의 관심이 이 써밋들에게 있다. 이들이 세상을 움직이고, 그 세 상 속에 하나님의 백성이 살아야 하기 때문이다.

더 큰 이유는 세상에 어둠과 고통을 가져다주는 사단이 세상의 통치자들과 권세를 움직이고 있기 때문이다(엡6:12). 그래서 하나님은 우리가 통치자들과 높은 지위에 있는 모든 사람들을 위해 기도할 것을 말씀하신다. 그래야 우리가 평화롭게 신앙생활 할 수 있기 때문이라고 했다(딤전2:2).

"임금들과 높은 지위에 있는 모든 사람을 위하여 하라 이는 우리가 모든 경건과 단정함으로 고요하고 평안한 생활을 하려 함이라"(딤전2:2)

지위와 힘을 가진 써밋들이 잘못된 결정을 하면 그 고통은 고스란히 백성들이 당할 수 밖에 없다. 성경에 많은 실례들이 있다. 악신에 시달리면서 늘 하나님의 뜻 보다는 자기 권력만 지키려고 애쓴 사울 왕의 최후는 비참했다. 그때 다윗과 사무엘을 비롯해서 모든 백성들이 당한 고통도 컸다. 우상 숭배하는 아합 왕과 그 부인 이세벨을 막기 위해 싸워야 했던 엘리야와 그 백성들도 엄청난 고통을 당해야만 했다. 바울이 전도할 때 무당이 한 지역의 총독을 움직였던 기록도 있다(행13:6-12). 정치인이 하나님의 소리와 백성의 소리를 듣지 않고, 귀신들린 무당의 소리를 듣는다면 그 나라와 백성들은 어떻게 되겠는가?

이런 세상에 사는 우리에게 성경은 구원받은 우리가 그리스도를 대신하는 "전권대사"라고 말씀하신다(고후5:20). 더 나아가 오직 그리스도의 권세와 능력을 가지고 세상을 치유하고 살릴 "왕 같은 제사장이요 세상에 그의 빛을 선포할 자"라고 말씀하신다(벧전2:9). 어둠의 영들이 세상에 타락과 고통과 재앙을 가져다주나 그리스도 이름의 권세 붙잡은 기도로 그들과 싸워 이기는 영적 왕이라는 뜻이다. 써밋의 자리에 있으나 속으로는 시달리고 있는 자들을 복음으로 치유해 줄 수 있는 영적 제사장이라는 뜻이다. 그들에게 하나님 만나는 길을 말해주고, 하나님의 나라가 무엇인지를 말해줄 수 있는 영적 선지자라는 뜻이다.

하나님은 그리스도 안에 있는 우리에게 이 권세를 주셨고, 거기서 나오는 능력은 보좌의 능력이고, 시공간을 초월하는 능력이다(마28:18-20). 성경의 참된 써밋들은 이 축복을 누리며, 시대에 답을 준 사람들이다.

노예였던 요셉, 양을 치던 다윗, 포로로 끌려간 다니엘, 고아였던 에스더가 그랬다. 그들은 전부 왕 앞에 섰고, 그들에게 하나님의 답을 준 영적 써밋이었다. 하나님은 우리가 이 시대의 복음 없는 써밋들을 살리고, 우리 후대를 이런 참된 써밋으로 세우기를 원하신다.

가짜 써밋과 참된 써밋

세상에는 틀린 성공자, 가짜 써밋들로 가득하고, 그것을 위해서 수단과 방법을 가리지 않고 성공하려고 애쓰는 사람들이 많은 것이 문제이다. 그들에게 성공의 기준은 자기 욕심과 야망을 이루고, 돈과 지위를 얻어 세상에서 인정받는 것이다.

그 기준으로 좋은 학교의 순위를 매기기도 한다. 좋은 직장의 기준도 더 많은 월급과 베네핏을 얻고, 빨리 높은 자리에 올라갈 수 있냐는 것이다. 자녀에게 원하는 성공의 기준도 이런 것이기 때문에 세상의 미래에는 갈수록 희망이 없다.

더 큰 문제는 하나님의 백성들조차 그런 기준을 가지고 하나님의 축복을 구하는 것이다. 그런 성공은 하나님이 원하시는 성공이 아니다. 그런 성공을 한다면 성공해놓고 허무해지고, 써밋의 자리에서 바벨탑 무너지듯이 무너질 것이다. 성공한 사람들의 우울증, 각종 중독과 타락, 정신문제와 자살은 여기서 오는 것이다.

하나님이 원하시는 성공은 그리스도 안에서 구원 받은 우리가 오직 그 분이 주시는 은혜와 응답을 누리며, 그 분이 원하시는 일에 나를 드리며, 그 분이 창조한 이 세상을 살리는 일에 쓰임 받는 것이다. 성경에 하나님께 쓰임 받은 사람들은 전부 이런 사람들이었다.

부족하고, 연약하고, 위기와 절망이 오나 거기서 오직 하나님을 바라보고, 하나님의 유일한 축복을 체험하며, 자기가 선 현장을 재창조하는 일에 쓰임을 받았다. 미국이 하나님의 축복을 받고 쓰임을 받을 때는 이렇게 하나님께서 세운 많은 사람들이 있었다.

미국의 정치인들 중에 대표적인 사람은 아브라함 링컨 대통령이다. 노예 해방을 위한 남북 전쟁 시에 "하나님이 우리 편에 서기를 기도하지 말고, 우리가 항상 하나님의 편에 서도록 기도하라"고 할 정도였다. 너무 신앙 색깔을 드러낸다고 비난을 받기도 했으나 퇴임 후에는 〈Habitat for Humanity〉 운동과 이스라엘과 이집트의 종전을 중재해서 노벨 평화상을 받은 지미 카터 대통령도 있다. 1979년 6월에는 한국을 방문해서 서울의 교회에서 주일 예배를 드리고, 박정희 대통령과의 정상 회담에서는 인권에 관한 메시지와 함께 복음을 전한 것으로 유명하다. 1994년 북핵의 갈등이 심화될 때는 그는 미국의 특사가 되어 김일성을 만나게 된다. 거기서 미국이 대북 제제를 풀면 북한도 핵 개발을 동결하겠다는 약속을 받아 훗날의 〈제네바 합의〉를 이끌어 내기도 한다. 사람들은 그 김일성에게도 복음을 전했을 가능성을 추측하기도 한다. 역사에 가정은 없으나 만일 박정희 대통령이나 김일성이 복음을 받아 구원을 받았다면 분명히 역사도 바뀌었을 것이라고 생각해본다.

요셉은 가장 낮은 자리에서 자기와 함께 하신 하나님을 바라보고, 가장 외로운 자리에서 하나님의 약속을 붙잡고, 하나님의 깊은 것을 누린 사람이다. 그가 마침내 애굽의 총리가 되어 살린 형제들과 그 후손들을 통해 이스라엘의 열두지파가 만들어지고, 애굽과 그 주변 국가까지 살리는 일에 쓰임을 받는다.

하나님은 우리가 하나님이 원하시는 그 일, 그 시간, 그 장소에서 세상을 살리는 참된 써밋으로 쓰임 받기를 원하시고, 모든 것을 준비해 놓으신 분이시다.

영적 승리를
누리는 써밋

코로나로 인해 비대면으로 하는 활동들이 익숙해지고 있다. 이런 비대면의 활동들이 2016년 세계 경제 포럼에서 처음 주창된 4차 산업혁명 시대를 빠르게 앞당길 것이 예상된다. 4차 산업 혁명이 물리적이고 생물학적인 세계를 디지털 세계와 연결해서 세상을 획기적으로 바꿀 것이다.

그러나 인공 지능과 로봇들이 인간을 대신하면서 사람들은 직업을 잃는 정도가 아니라 인간의 존엄성과 가치를 상실하고, 우울증을 비롯한 심각한 정신 문제를 겪게 될 것이 분명하다. 특히 교회와 성도들은 이런 정신 문제들이 개인과 세상과 교회까지 무너뜨리는 영적 문제로 발전할 것을 대비해야 한다. 그 해답이 영적 써밋의 축복이다.

구원 받은 하나님의 백성이 다른 것은 부족해도 영적 써밋은 될 수 있다. 인간은 처음부터 하나님의 형상대로 지음 받아 하나님과 소통하고 그 힘으로 세상을 정복하고 다스리는 영적 존재였다(창1:26-28). 비록 첫 인생 아담과 하와가 사단에게 속아 이 축복을 잃어버렸지만 하나님은 그의 아들이신 그리스도를 보내셔서 이 모든 것을 회복하는 길이 되게 하셨다(요14:6). 우리가 그 그리스도를 믿을 때 그의 권세와 능력으로 어둠의 권세를 승리하고(고전15:57), 모든 민족을 살릴 영적 써밋으로 쓰임 받을 것을 약속하셨다(마28:18-20).

"우리 주 예수 그리스도로 말미암아 우리에게 승리를 주시는 하나님께 감사하노니"(고전15:57)

이스라엘의 최고의 왕이었던 다윗은 어린 시절부터 이 축복을 훈련하고 누린 인물이다. 그가 기도하면서 악기를 연주할 때는 사울 왕에게 역사하던 악신이 떠날 정도였다(삼상16:23). 이 시대에도 중요한 지위에 있으면서도 속으로는 영적인 문제로 번뇌하고 시달리는 써밋들이 많은 것을 주목해야 한다. 특히 다윗과 골리앗과의 싸움은 영적인 승리가 무엇인지를 보여주는 모델이다. 사람들은 다윗과 골리앗의 싸움을 계란으로 바위를 치는 것에 비유하고, 다윗이 이긴 것은 기적이라고 한다. 기적이 아니고, 당연하고 절대적인 결과였다.

다윗에게는 세가지 분명한 확신이 있었다(삼상17:45-47). 골리앗이 다윗을 저주하고 조롱할 때 다윗은 만군의 여호와요 이스라엘 군대의 하나님의 이름의 권세로 간다고 선언했다.

첫째는 보좌의 권세에 대한 확신이다. 하나님은 그 보좌의 권세를 그리스도에게 주셨고, 우리가 믿을 때에 시공간을 초월하는 능력이 나타나고, 그 앞에 어둠의 권세는 무너지는 것이다(고전15:25, 롬16:20).

둘째는 하나님께서 주시는 영적 승리에 대한 확신이다. 하나님이 골리앗의 생명을 자기 손에 넘길 것이라고 선언했다. 세상의 어떤 권세도 하나님이 거두시면 끝인 것을 안 것이다.

마지막으로 온 땅과 모든 무리가 여호와의 구원하심을 보게 될 것이라고 선언했다. 영적 써밋의 축복을 누리는 성도들을 통해 모든 민족을 구원하는 전도와 선교에 대한 확신이다(시 57:9-11).

유대인들은 자녀에게 "티쿤 올람"이라는 사상을 가르친다. 히브리어로 세상을(Olam)을 바꾼다(Tikkun)는 뜻이다. 그리스도는 우리에게 흑암과 저주의 세력을 이길 영적 권세를 주셨고, 그 영적 써밋의 축복으로 세상을 살리고 바꾸기를 원하신다.

경제 써밋의
증인으로

코로나 팬데믹과 함께 경제 위기를 겪고 있다. 그러나 분명한 결론은 언약 속에 있는 하나님의 자녀들이 누릴 응답과 축복은 따로 있다는 것이다. 하나님은 오히려 위기 때에 그들을 축복해서 경제 써밋으로 세우셨다. 거기에는 중요한 영적인 이유들이 있다.

첫째는 경제가 영적 전쟁의 기초가 되기 때문이다. 하나님은 인간을 자기 형상대로 지으시고, 세상을 다스리고 누릴 수 있는 축복을 주셨다(창1:26-28). 그러나 첫 인생이 마귀에게 속아 죄를 짓고 난 뒤에 인생과 함께 땅도 저주를 받게 된다. 열심히 수고하나 땅에서 가시덤불이 나올 것이라고 했다(창3:18). 축복의 경제가 아닌 저주의 경제가 되었고, 타락과 부패와 우상이 함께 하는 어둠의 경제가 된 것이다.

이 흐름을 움직이고 있는 자들이 사단이다. 그래서 사단은 감히 예수님을 찾아와서 "내게 절하면 세상 모든 영광을 주겠다"고 유혹하기까지 했다(마4:8-9). 지금도 사단은 그렇게 사람들을 속이고 있다.

이런 세상에서 하나님은 아브라함을 가병 318명을 세울 만큼 축복해서 소돔 왕을 지원하고 조카 롯을 전쟁에서 구출하게 하셨다(창14:14). 기근의 때에 이삭에게는 100배의 축복, 샘의 근원, 르호봇("지경을 넓히다"는 의미)의 축복을 주시면서 시기하고 괴롭히던 블레셋 왕이 찾아와 화해를 청하게 만들었다(창26:29). 경제 축복의 써밋이 되게 해서 영적 승리의 증거가 되게 하신 것이다.

둘째는 경제 축복이 영적 전쟁을 할 수 있는 뒷받침이 되기 때문이다. 우상 숭배하며 선지자들을 죽이려던 아합왕 시절에 하나님은 궁내 대신이던 오바댜를 세워 선지자 백명을 굴 속에 숨겨 지원하게 하셨다.

역사 속에도 그런 모델들이 많이 있다. 체코에 가면 부패한 교회를 개혁하기 위해 싸운 요한 후스와 그를 지원한 27명의 평신도들을 기념하기 위해 27개의 별을 새겨놓은 기념 광장이 있다. 독일에는 마르틴 루터를 바르트부르크라는 성에 숨기고 독일어로 성경을 번역하게 하며 개혁 운동을 펼치도록 도운 프레드릭 선제후도 있다.

셋째로 경제 축복은 세상을 살리는 전도와 선교를 위한 실제적 지원이 되기 때문이다. 로마서 16장에는 바울을 지원하여 보호자, 동역자, 식주인이란 별명을 얻은 산업인들이 있다. 이들은 전도자 바울을 위해 생명을 걸고 동역하면서 기도로 지원하고, 필요한 모든 경제를 지원할 만큼의 경제 써밋들이었다.

하나님은 이 시대의 우리도 그 축복 속에서 쓰임 받기를 원하신다. 세상은 어렵고 우리는 부족하나 그래서 하나님의 절대 능력과 절대 은혜가 되신 그리스도의 복음을 누리면 된다(롬 1:16-17). 복음으로 구원받은 우리가 하나님을 바라보며 힘을 얻고, 하나님이 기뻐하시는 일을 위해서 이유 있는 절약을 하고, 이유 있는 투자와 헌신을 훈련하는 것이 중요하다.

투자 중에 투자는 하늘에 쌓는 투자이다. 백화점의 왕이요 체신부 장관까지 한 워너메이커는 기업인으로서의 60주년을 기념하는 자리에서 평생 잊을 수 없는 투자를 말해 달라는 요청을 받았다. 그는 가난해서 학교 대신 벽돌 공장을 다니던 어린 시절에 돈을 모아 3불75센트의 성경을 산 것이 자기 인생의 최고의 투자였다고 고백했다.

이 영적 이유들을 붙잡은 성도에게 위기는 하나님의 절대 응답과 절대 축복을 누릴 절대 기회이다.

섬기러 오신 써밋

그리스도께서 우리를 위해 고난을 받으시고 대속의 죽음을 죽으신 것을 기억하는 고난주간이다. 고난 주간의 첫 날인 주일에 주님께서 어린 나귀를 타고 예루살렘에 입성하시고, 사람들이 그 앞에 종려나무를 깔았다고 해서 종려주일이라고 부른다. 당시에 로마의 황제나 총독 같은 써밋들이 행렬할 때는 말이든 마차든 최고의 위엄이 나타나도록 꾸미고, 군대들이 함께하고, 붉은 주단을 깔았다.

그리스도는 그 반대로 하셨다. 왜 그렇게 하셨을까? 구약의 예언을 성취시키면서 자신이 하나님이 보내신 그리스도라는 증거를 보이신 것이다(슥9:9-10). 또 다른 중요한 이유는 세상의 써밋들과 하나님이 세우시고 쓰시는 참된 써밋은 무엇이 다른지를 가르쳐 주기 위함이었다.

성경은 자기의 욕심과 세상의 성공만을 추구하는 가짜 써
밋들이 누구인지를 말씀하셨다. 그들은 사단이 만들어내는 써
밋들이다. 첫 인생 아담을 "하나님처럼 될 것이라"고 속여 자기
욕심에 빠지게 하고(창3:5), 네피림 시대에는 육신의 쾌락과 물
질에 빠진 자들이 그 시대의 영웅과 명성을 얻는 자로 일어나
도록 만들었다(창6:4), 바벨탑 시대에는 우상 숭배와 권력의 욕
심에 빠진 자들을 세워 자기들의 왕국을 세우도록 만들었다(창
11:4). 성경에는 주님이 다시 오시는 날까지 이런 가짜 써밋들이
계속 일어나 세상을 타락과 고통으로 이끌 것을 말씀하셨다(계
18:1-3).

"이 일 후에 다른 천사가 하늘에서 내려 오는 것을 보니 큰 권세를 가졌는데 그의
영광으로 땅이 환하여지더라 힘찬 음성으로 외쳐 이르되 무너졌도다 무너졌도다
큰 성 바벨론이여 귀신의 처소와 각종 더러운 영이 모이는 곳과 각종 더럽고 가증
한 새들이 모이는 곳이 되었도다 그 음행의 진노의 포도주로 말미암아 만국이 무
너졌으며 또 땅의 왕들이 그와 더불어 음행하였으며 땅의 상인들도 그 사치의 세
력으로 치부하였도다 하더라"(계18:1-3)

하나님이 세우시고 쓰신 써밋들은 근본부터가 다르다. 성경
은 그들을 그루터기 곧 렘넌트라고 불렀다. 그들은 부족하나 〈

하나님의 은혜로 선택된 자들〉이고(롬11:5), 그리스도의 생명을 가진 〈거룩한 씨〉이며(사6:4), 어떤 일을 당해도 하나님이 지키시고 이기게 하시는 〈남은 자들〉이며(사10:20-21, 계12:17), 디아스포라로 온 세상에 흩어져 세상을 살린 〈전도 제자들〉이며(사49:6), 하늘 보좌의 권세와 능력을 누리며 증인으로 쓰임 받은 〈영적 써밋들〉이다(행1:8). 하나님은 모든 구원받은 성도들에게 이 축복의 약속하신 것이다.

이들은 성공자로 섰으나 그 이유부터 달랐다. 지배하기 위해서가 아니고 섬기기 위해서이다. 나만의 야망을 위해서가 아니고 함께 나누기 위한 성공이고, 약한 자들을 멸시하고 빼앗는 성공이 아니고, 모두를 살리기 위한 성공이다.

예수님은 자신은 섬김을 받으러 온 것이 아니고 사람들의 대속물이 되기 위해 오셨다고 했다(마20:28). 나귀를 타신 이유도 그것이고, 성찬식을 하시고 제자들의 발을 씻어주신 이유도 그것이다.

한국인에게도 사랑받은 소설 〈빙점〉의 작가 미우라 아야코는 군국주의 전쟁을 찬양하는 교육에 회의를 느껴 교사를 그만두고, 늦게 만난 남편과 함께 시골 상점을 운영하며 글을 쓴 일본의 대표적인 크리스챤 작가이다. 주민들을 섬기면서 상점이 번창했지만 주변 상점들이 문을 닫아야 하는 상황이 오자 상점의 규모를 축소하고 찾아오는 손님들에게 어느 상점에서 그 물건을 살 수 있는지를 안내한 일화로 유명하다.

그리스도가 보여주신 섬기는 써밋의 삶을 우리는 가정과 사회, 교회 안에서 작은 것으로도 실천할 수 있다.

거울보면서

영적 써밋의 감사

　　오순절이라고도 불리는 맥추 감사절 주간이다. 이 절기는 구원받은 성도들이 누려야 할 영적 축복의 언약이 담긴 세 절기 중에 하나이다. 세 절기 중에 유월절은 그리스도의 대속으로 말미암아 해방 받고 영적 승리를 누릴 자가 된 것을 기억하며 살라는 언약이 담긴 절기이다. 오순절은 그리스도 안에서 구원받은 자를 하나님이 어떻게 성령의 역사로 도우시는지를 체험하며 살라는 언약이 담긴 절기이다(행2:1). 수장절은 우리가 그리스도 안에서 누릴 영원한 천국 배경의 축복과 그 속에서 누릴 전도와 선교의 언약이 담긴 절기이다.

　　이 세 절기에 담긴 언약을 실제로 깨닫고 체험할 때 오는 결론적인 축복이 있다. 참된 써밋의 축복이다. 구원받은 성도가 계속 성령의 역사를 체험하며 살면 하나님의 깊은 것을 누리는 영적 써밋이 된다. 그들은 사람을 살리고 세상을 살리는 전도 써밋이 된다. 그들이 그 시대에 하나님이 쓰시는 역사의 주인공들이 되는 것이다. 시대 써밋이라고 한다.

하나님은 처음부터 인간을 하나님 형상대로 지으시고, 이런 써밋의 축복을 누리도록 창조하셨다(창1:26-28). 아담이 타락한 이후 잃어버린 이 축복을 그리스도 안에서 회복시켜 주신 것이다. 그것은 하나님의 절대 은혜였다(엡2:8-9). 그래서 "감사한다"는 헬라어의 "유카리스테오"는 "좋은"(유)라는 단어와 "은혜"(카리스)라는 단어가 합쳐진 것이다. 하나님의 은혜가 충만하게 누릴 때 나오는 것이 감사라는 뜻이 된다.

믿음의 눈을 열고 보면 어느 것 하나도 감사하지 않을 것이 없다. 그래서 감사로 제사를 드리는 자가 하나님을 영화롭게 한다고 했다(시50:14-23). 모든 염려를 버리고 감사함으로 기도하면 하나님의 평강이 그리스도 안에서 우리 마음과 생각을 지키실 것이라고 했다(빌4:6-7).

애굽에서 해방된 이스라엘이 광야에서 불평과 불신앙을 계속하다가 불뱀에 물렸으나 놋뱀을 보고 살아난 사건이 있었다. 불평이 아닌 감사, 불신앙이 아닌 참된 믿음이 회복될 때 오랜 영적 문제도 치유될 것을 알려준 것이다(고전10:10-11).

시대마다 하나님께 쓰임 받은 써밋들에게는 모든 것을 초월한 감사가 있었다. 포로로 끌려갔으나 제국의 총리로 쓰임받은 다니엘은 시기하는 자들의 계략으로 사자굴에 들어가야 할 때도 "예루살렘을 향한 창을 열어놓고, 전에 행하던 대로 하루 세 번씩 기도하며 하나님께 감사하였다"고 했다(단6:10).

"다니엘이 이 조서에 왕의 도장이 찍힌 것을 알고도 자기 집에 돌아가서는 윗방에 올라가 예루살렘으로 향한 창문을 열고 전에 하던 대로 하루 세 번씩 무릎을 꿇고 기도하며 그의 하나님께 감사하였더라"(단6:10)

예루살렘을 향한 창을 열어놓았다는 것은 구원받은 하나님 백성들에게 주신 언약을 붙잡은 것을 의미한다(계21:2). 그 언약을 붙잡은 기도 속에서 흔들리지 않고, 반드시 주실 하나님의 증거를 미리 붙잡고 감사한 것이다.

이 감사가 있는 믿음에 하나님은 천사를 보내어 그를 지키셨고, 왕조차 다니엘의 하나님이 참 하나님이라는 고백을 하게 된다. 우리가 사는 현실이 사자굴 같은 곳일지 모른다. 그러나 그 속에서 세 절기의 언약을 붙잡고 감사가 있는 믿음을 회복한다면 모든 것이 세상 살리는 증거가 되는 것을 체험할 것이다.

영성훈련

하나님의 깊은
것을 누리라

현대인은 치열한 경쟁 속에 살면서 조급하고 작은 문제와 자극도 감당하지 못할 정도로 약해 있다. 그래서 우울증, 분노 조절 장애, 공황 장애, 정신 분열이 증가하고 있다. 타고난 기질이나 유전적인 요인도 있고, 의료를 통해 치유할 수 있는 문제도 있다. 그러나 의사도 해결 할 수 없는 질병들이 더 많은 것이 문제이다.

결국 인간의 내면을 완전히 치유하실 수 있는 분은 하나님이시다. 하나님의 아들이신 그리스도가 오신 이유도 마음의 상처를 치유하고, 그 상처에 포로가 되고 갇힌 자처럼 고통을 당하는 인생을 치유하기 위해서라고 했다(사61:1). 상처와 고통이 영적 문제가 되어 악몽과 환청에 시달리고, 실제로 귀신의 소리를 듣고 고통을 당하는 사람들도 많다. 그리스도는 그 귀신에게 눌린 자들도 고치러 오셨다고 했다(행10:38).

이 그리스도를 영접하고 하나님의 자녀가 된 자들에게는 성령이 함께 하시고, 하나님의 깊은 것을 체험하고 누리게 하신다(고전2:10-12). 하나님의 깊은 사랑, 깊은 은혜, 깊은 능력이다. 우리가 평상시 삶에서 그 분을 깊이 알고, 깊이 체험하고, 깊이 누리는 시간을 훈련하면 된다. 오래된 상처의 각인이 바뀌고, 성령의 능력이 역사하면서 어둠의 영들도 떠날 수 밖에 없다. 참된 치유가 시작되는 근본이다.

예수님이 밤새도록 그물을 던지고도 허탕을 치고 지쳐버린 베드로에게 찾아와서 "깊은 곳에 그물을 내리라"(눅5:4)고 하신 이유는 단순히 고기 잡는 것을 가르친 것이 아니다. 문제와 고통이 가득한 세상에서 하나님의 깊은 것을 체험해보라는 의미이다. 깊은 물은 흐르는 줄도 모르게 흘러 모든 것을 살린다(겔 47:1-12). 하나님의 깊은 것을 체험하는 사람도 마찬가지다. 조용히 세상을 살리는 자들로 서게 될 것이고 했다(사55:4, 행1:8).

이 축복 속에서 쓰임 받을 하나님 백성이 평생을 통해 훈련해야 하는 다섯가지 깊은 것이 있다.

첫째는 깊은 묵상이다. 명상은 생각을 비우는 것이나 묵상은 하나님 말씀을 깊이 되새기는 것이다. 복음의 말씀이 우리의 생각을 바꾸고, 모든 것이 형통할 것이라고 약속하셨다(시 1:1-3).

둘째는 깊은 기도이다. 단순히 철야나 금식 같은 고행의 기도를 말하는 것이 아니다. 평상시 모든 문제와 사건에서 하나님의 마음, 하나님의 뜻, 하나님의 것을 찾아 기뻐하고 감사하는 삶을 의미한다(마6:44, 살전5:16-18).

셋째는 깊은 호흡이다. 깊은 호흡이 뇌를 살리고, 웬만한 스트레스와 질병을 이기게 하는 것은 이미 과학적으로도 증명이 되었다. "호흡이 있는 자마다 여호와를 찬양하라"(시150:6)는 말씀은 찬양의 중요성을 강조한 동시에 호흡이 우리의 생명과 관계가 있음을 암시하는 말씀이다. 가슴을 펴고 천천히 숨을 깊이 들이마시고 내뿜는 호흡을 훈련하며 하나님을 바라볼 수 있다면 그것이 깊은 호흡이다.

넷째는 깊은 음식이다. 우리가 먹는 음식이 서서히 질병을 만들기도 하고, 건강을 만들기도 한다. 특히 성도의 몸은 하나님의 영광을 위해 쓰여질 성전이라고 했다(고전10:31). 인스턴트 음식이나 인공 음료 같이 입에만 좋은 음식이 아닌 몸을 살리는 깨끗한 물과 자연의 음식이 깊은 음식이다.

마지막으로 깊은 운동이다. 내 몸에 맞는 운동을 찾아 지속할 수 있다면 그것이 내 몸에 유익을 주는 깊은 운동이다(딤전 4:8).

"육체의 연단은 약간의 유익이 있으나 경건은 범사에 유익하니 금생과 내생에 약속이 있느니라"(딤전4:8)

흑암과 고통이 깊어지는 이 시대이기에 하나님은 우리가 하나님이 본래 주셨던 하나님의 깊은 것을 누리기를 원하신다.

성도의 묵상 훈련

하루 24시를 어떤 생각에 집중하며 사느냐가 중요하다. 바쁜 일정에 정신없이 사는 사람들도 있고, 상처와 실패, 부정적인 생각에 사로잡혀 사람들도 있다. 창의성을 강조하는 기업일수록 단순히 바쁘게 살고 열심히 사는 것을 원하지 않는다. 그래서 생각을 비우며 자신의 내면의 세계에 깊이 들어가는 명상을 가르친다.

이들이 추구하는 것은 정확히 말하면 초월 명상이다. 뉴에이지를 비롯해서 많은 종교 단체에게 추구하는 명상이 그것이다. 그들의 목적은 나를 초월해서 다른 세계를 체험하도록 이끄는 것이다. 혁신의 상징인 애플을 이끈 스티브 잡스는 이 분야에 대표적인 사람이나 쓸쓸한 인생을 마친 사람이다. 그래서 성경은 하나님을 깊이 체험하는 것이 아니면 그 빈 자리에는 귀신이 들어가 영적 문제를 만든다고 경고한다(마12:43-45).

성경은 다른 것을 가르친다. 우리를 창조하시고 구원하신 성삼위 하나님과 그 분이 주시는 언약의 말씀을 깊이 묵상할 때 누리는 축복이다. 가나안 정복을 위해 출발하는 여호수아에게 하나님은 그 분이 주신 말씀을 입으로 고백하고, 주야로 묵상하며, 그 말씀을 따라갈 때에 그 길이 평탄하고 형통할 것을 약속하셨다(수1:8). 시편 기자는 오직 여호와의 율법을 즐거워하고 주야로 묵상하는 자는 시냇가에 심은 나무가 철을 따라 열매를 맺고 잎사귀가 마르지 않는 것 같이 그 하는 모든 일이 형통할 것이라고 했다(시1:2-3). 다윗은 그 입에서 하는 말과 마음의 묵상이 주께 열납 되기를 원한다고 기도한 사람이다(시19:14).

"나의 반석이시요 나의 구속자이신 여호와여 내 입의 말과 마음의 묵상이 주님 앞에 열납되기를 원하나이다"(시19:14)

하나님은 성령 안에서 구원받은 우리의 속사람이 강건해지고, 그리스도를 향한 믿음으로 뿌리를 내리고, 그 분 안에 있는 사랑과 능력의 깊은 것을 누리기를 원하신다. 하나님은 그때 우리가 구하는 것과 생각하는 것에 넘치게 하실 것을 약속하셨다(엡3:14-20).

그 삶을 누리는 가장 중요한 키가 묵상이다. 묵상이라는
뜻의 "Meditation"은 헬라어의 "Medikelos"라는 단어에서 왔고,
"Medicine"이라는 단어와 같은 어원을 가지고 있다. 그래서 묵
상은 약을 먹어서 약효가 온 몸에 나타나기를 기다리듯이 하나
님의 말씀을 깊이 생각하고, 되새기며, 적용하는 것을 의미하
고, 올바른 말씀 묵상은 깊은 치유를 만들기도 한다(히4:12).

묵상의 방법인 "깊이 생각하고 되새기다"라는 뜻의 "Rumi-
nate"는 소가 "되새김질하다"라는 말과 같이 사용된다. 소는 네
개의 위를 가지고 먹은 풀을 열 시간 이상 다시 씹는 되새김질
을 한다고 한다. 씹고 또 씹어 충분히 소화가 될 때 좋은 우유
가 나오기 때문에 건강한 소는 되새김질을 잘하는 소로 구별
한다고 한다.

어둠의 영들은 우리의 부끄럽고, 후회스럽고, 상처난 기억
들을 되새기며 살게 만든다. 그것이 뇌에 각인이 되고 영혼에
뿌리를 내리면 실패할 수 밖에 없는 삶의 체질이 만들어진다.
그래서 성도는 그리스도께서 모든 문제를 끝내신 복음을 붙잡
고(요19:30), 말씀 속에서 승리의 언약을 확인하고 감사하며(고후
2:14), 그 속에서 하늘 보좌의 위로와 능력을 체험하는(막16:19-
20) 참된 묵상 훈련을 해야 한다.

기도는 영적 과학이다

올바른 기도의 힘으로 환자들을 치유하는 "기도요법"(Prayer Therapy)의 효과를 실험을 통해 과학적으로 증명한 "기도가 인생을 바꾼다"라는 제목의 책이 있다. 이 책의 저자인 윌리암 파커는 대학 교수이자 심리학자이며 언어치료 병리학자이다.

그는 레드랜드스 대학교(University of Redlands)에서 다양한 나이와 직업을 가진 사람들 중에 편두통, 위궤양, 관절염, 심장병, 고혈압, 알러지 등의 여러 질병을 가진 자원자들을 모집해서 실험을 했다. 세 그룹으로 나누어 첫 번째 그룹은 약물을 포함한 심리 요법으로, 두 번째 그룹은 잠자기 전의 기도하는 수준으로, 셋째 그룹은 기도의 영적 원리를 배우며 정해진 기도처에서 깊이 기도하게 만들었다고 한다. 그 결과로 첫 번째 그룹은 65%의 질병이 개선되고, 두 번째 그룹은 거의 개선이 없었고, 세 번째 기도 그룹은 72%의 치료 결과가 나타났다고 보고하면서 기도의 능력을 설명한 책이다.

모든 종교에 기도가 있고, 모든 종교는 어떤 결과를 얻기 위해서 마음을 비우고 고행해야 하는 것으로 기도를 가르친다. 그러나 기독교의 기도는 성삼위 하나님에 대한 누림이다. 하나님의 아들로 오신 그리스도께서 우리를 죄와 사망과 흑암 권세에서 해방시켜 주시고, 하나님 자녀가 되는 특권을 주셨기 때문에 가능한 것이다(롬8:15, 마7:7-11).

우리가 그 예수 그리스도의 이름으로 기도할 때 그 분이 직접 행하실 것을 약속하셨다(요14:13-14). 그때 성령이 역사하시고, 세상과 인간에게 어둠과 고통을 가져다주는 사단의 권세가 무너지는 하나님 나라의 능력을 체험하면서 기도의 능력을 체험하는 것이다(마12:28, 막9:28-29).

당장 내 기도가 응답되지 않아도 상관없다. 기도할 수 있고, 그 기도를 지속하고, 그 기도를 계속 누릴 수 있는 영적 상태가 중요하다. 그때 성령이 내 마음, 생각, 육신을 주장하면서 모든 것이 회복된다. 심지어 그 기도는 금 대접에 담겨 천사들을 통해 하늘 보좌에 옮겨질 것이라고 말씀하셨다(계8:3). 그 쌓여진 기도는 반드시 나의 미래와 후대의 미래와 영원 속에 응답으로 온다는 뜻이다.

올바른 기도의 다섯 가지 중요한 요소가 있다.

첫째는 내 영혼 구원에 대한 참된 감사가 기도 속에 있어야 한다(시50:14-15, 골4:2). 둘째는 말씀 속에서 하나님의 언약을 붙잡고, 그 흐름 속에 있는 것이다(요15:7). 셋째는 하나님께 대한 집중이다. 기도는 내 안에서 하나님의 깊은 것을 누리는 것이다(고전2:10-12). 넷째는 그때 내 안에 사단의 가시를 뛰어 넘는 참된 치유를 체험하게 된다(고후12:8-9), 다섯째는 이때부터 하나님이 준비한 미래가 보이게 된다(렘33:1-3).

계속되는 코로나 팬데믹이 참된 기도의 능력을 아는 성도들에게는 최고의 기회이다. 하나님과 깊은 시간을 누리고, 하나님이 준비한 미래를 준비할 수 있는 기회이다.

많은 고난 중에서 깊은 기도를 누려 시편을 기록한 다윗은 이런 고백을 했다. "여호와께서 내 음성과 간구를 들으시므로 내가 저를 사랑하는도다. 그 귀를 내게 기울이셨으므로 내가 평생에 기도하리로다"(시116:1-2).

그리스도인의 국가관

베테랑스 데이를
맞이하면서

　　매년 11월 11일은 미국의 재향 군인들을 기념하는 베테랑스
데이이다. 1918년 11월 11일에 많은 희생자를 낸 제1차 세계대
전이 끝난 것을 기념해서 "휴전 협정 기념일"로 지키다가 대한
민국의 남북한 전쟁을 끝낸 아이젠하우어 대통령의 서명으로
1954년부터 정식으로 "베테랑스 데이"로 명칭을 바꾸었다고 한
다.

　　미국이 참전한 많은 전쟁들이 있지만 그 중에 우리 한국 사
람들이 절대로 잊어서는 안 되는 전쟁이 바로 한국 전쟁이다.
여러 통계가 조금씩 다르지만 150만명의 미군이 참전을 했고,
36,516명이 전사를 했고, 8,177명이 실종되어 아직도 그 가족
들은 유해를 기다리고 있는 현실이다. 오늘의 대한민국이 있기

까지 하나님이 이 미국을 사용하셨던 것을 모르고 사는 것은 안타깝고 부끄러운 일이다.

미 육군의 특수 부대인 레인저 학교의 졸업식에 참석한 적이 있다. 뒤에서 누군가가 내 등을 두드리는 분이 있었다. 그 분은 내게 한국 사람이냐고 물으면서 자기는 한국전 참전 용사라고 했다. 그러면서 지금의 한국을 보면서 희생된 전우들의 죽음이 헛되지 않은 것에 감사하다고 하면서 눈물을 글썽거린 모습이 생생하다. 누구에게나 국가는 중요하다. 사도행전 1:6에 예수님의 제자들이 "이스라엘의 회복이 이 때이니이까?"라고 한 질문 속에 그 안타까움이 묻어 있다. 먼저 택함 받은 하나님의 백성들이 노예로, 포로로, 속국으로 살아온 아픔을 가지고 한 질문이다. 세상에는 왜 이런 일들이 벌어져야 할까? 단순하게 말하면 정치인들의 욕심이라고 말할 수 있을 것이다. 남의 나라를 침략해서라도 자신들의 야망을 채우겠다는 것이다. 성경은 이 야욕을 가진 정치인들의 배후에는 어둠의 권세를 쥐고 있는 어둠의 영들이 있다고 말씀하신다(엡6:12).

성경은 성도가 이 영적인 사실을 알고, 두가지 언약만 붙잡으면 그 개인과 나라를 하나님이 지키시겠다고 말씀하신다. 첫째로 하나님은 택한 백성의 나라와 후대를 반드시 축복하신다는 언약이다(신6:1-9). 우상 숭배가 아닌 오직 유일하신 하나님을 사랑하고, 그 언약을 후대에게 전달할 때이다. 구약의 이스라엘 백성들이 이것을 실패할 때 나라는 망하고 백성들은 포로가 되는 비극을 겪었다.

둘째는 하나님이 주시는 축복을 내가 먼저 누리고, 가서 땅의 모든 족속이 복을 받도록 만들라는 언약이다. 아브라함에게 주시고(창12:3), 다윗이 붙잡았던 언약이다(시57:9-11). 그러나 유대인들은 선민 의식과 국가 이기주의에 빠져 살았다. 당연히 모든 사람과 나라를 살리는 전도와 선교는 생각해보지 못하고 살았다.

"너를 축복하는 자에게는 내가 복을 내리고 너를 저주하는 자에게는 내가 저주하리니 땅의 모든 족속이 너로 말미암아 복을 얻을 것이라 하신지라"(창12:3)

하나님은 미국에 사는 우리가 세 나라를 위해 마음을 담고 기도하기를 원하신다. 먼저는 나를 태어나게 해준 모국이다. 다음은 우리가 살고 있는 이 땅 미국이다. 하나님이 우리에게 맡겨준 나라이고, 우리와 우리의 후대들이 축복을 누려야 하는 나라이다. 그 마지막은 모든 나라이다.

노예로 팔려간 요셉 한 사람을 통해 이스라엘과 이집트와 모든 나라를 살리게 하신 하나님의 뜻이다.

그리스도인이 나라를
살리는 길

　한국에서 극단적인 진보와 보수의 두 그룹들이 대통령 탄핵을 놓고 거리 집회를 통한 투쟁을 계속하고 있다. 이런 모습을 바라보고 있어야 하는 교포들의 마음은 답답하다. 각자의 입장에서 위기에 처한 나라를 살리고, 국가의 정의를 세우겠다는 의도라고 하지만 가족끼리도 분열되고, 심지어는 교회 안에서 조차 심각한 갈등이 계속되고 있다.

　"정의로운 마음"(The Righteous Mind)이라는 저서로 유명한 뉴욕 대학의 교수인 사회 심리학자 조너선 하이트는 어느 인터뷰에서 "사람들은 각자의 윤리와 가치 기준으로 뭉치고 투쟁한다. 그러나 결국은 그 힘으로 현실을 왜곡해서 보게 하고, 모든 것을 선과 악으로 분리해 보게 만들면서 모든 사람의 눈을 멀게 한다"는 말을 했다.

이것이 한국만의 문제가 아니다. 전 세계가 각종의 시위와 부족 간의 전쟁으로 인해 고통이 계속 되고 있다. 미국도 보수와 진보 사이의 극단적 갈등이 계속되고 있다. 베네수엘라는 이미 한 나라 두 정부의 싸움이 계속되고 있고, 국민들은 생존을 위해 국가를 떠나 난민으로 전락하고 있다. 볼리비아, 칠레, 홍콩도 심각한 상황이다. 다민족 사역을 하는 우리 교회에서는 이 위기에 처한 나라에서 온 성도들이 있기 때문에 각 나라마다 속히 평화와 안정이 회복되기를 간절히 기도할 수 밖에 없는 상황이다.

이런 위기와 갈등 속에서 그리스도인은 어떤 일을 해야 하는가? 누구라도 올바른 답을 주기는 쉽지 않다. 데모라도 해서 투쟁을 해야 할 사람도 있을 수도 있고, 정치인들은 올바른 정치적 결단을 해서 국민들이 하나가 되도록 만들어야 할 것이다.

그러나 국가와 백성이 위기에 있을 때 그리스도인이 해야 하는 가장 중요한 일은 각자의 자리에서 역사의 주관자이신 하나님께서 내 국가와 백성들을 평화로 이끌어주시기를 기도하는 것임을 성경은 강조한다. 무엇보다도 성경은 백성을 고통으로 몰아가는 지도자들 뒤에는 정사와 권세를 움직이는 어둠의 영 곧 사단이 있음을 밝혀주고 있다(엡6:12). 우리의 도덕으로도, 정치인들의 어떤 힘으로도 이 영적 문제들이 해결되지 않기 때문에 그리스도가 오셔서 그 마귀의 일을 멸하셨다고 선언하신다(요일3:8).

이 그리스도의 이름으로 기도할 때 개인과 가정과 국가에 재난과 고통을 만들어 주는 어둠의 세력들이 무너진 역사들을 성경과 교회사는 증거한다. 사무엘은 국가의 위기 앞에서 우상과 세속주의에 빠진 백성들이 하나님 앞에 서서 회개하며 기도하게 만들었다. 에스더는 자기 민족이 말살을 당해야 하는 시간에 삼일을 금식하며 기도하고, 왕 앞에 선 여인이다.

무엇보다도 우리가 정말 회개하며 기도해야 할 것이 있다. 교회가 세상과 후대에게 올바른 복음을 전하지 않고, 사람과 세상을 살리는 전도와 선교를 놓치고, 교리와 교권 싸움을 일삼고 있는 동안 온 땅에는 독버섯들이 자라고, 고통과 저주가 계속되어 왔다는 사실을 잊지 말아야 한다.

역대하 7:14에 하나님은 이렇게 약속하신다. "내 이름으로 일컫는 내 백성이 그들의 악한 길에서 떠나 스스로 낮추고 기도하여 내 얼굴을 찾으면 내가 하늘에서 듣고 그들의 죄를 사하고 그들의 땅을 고칠지라".

지극히 큰 하나님의
군대

하나님의 은혜로 두 아들이 웨스트포인트를 졸업하고 육군 장교들로 복무 중이다. 입학식에 참석했을 때 교장이 한 연설 중에 "우리는 미국의 장교를 키우는 것이 아니라 세계의 리더를 키운다"는 말을 들으면서 이런 교육관 때문에 미국이 세계를 이끌어간다는 생각이 들기도 했다.

성경에는 적어도 세 번에 걸쳐, 세가지 이유를 가지고 하나님의 백성을 군대, 또는 영적 군사라고 불렀다. 첫 번째는 이스라엘 백성들이 애굽에서 해방 받은 순간부터 그들을 하나님의 군대라고 불렀다(출12:41). 400년 애굽에서 노예로 살던 그들은 예수 그리스도의 피 언약을 상징하는 유월절 양의 피를 바르면서 그 운명 같은 저주에서 빠져 나올 수 있었다.

군인은 자신을 지키는 것부터 시작해야 한다. 이제 영적 군사가 되어 다시는 그 축복을 뺏기지 말라는 의미로 그들을 하나님의 군대라고 부른 것이다. 그래서 구원받은 하나님의 백성은 매순간 우리를 속이고 무너뜨리기 위해 우는 사자와 같이 돌아다니는 마귀를 대적해 승리할 만큼 근신하고 깨어 믿음에 굳게 서 있어야 한다(벧전5:8-9).

두 번째는 이스라엘 백성들이 가나안을 정복할 때에 그들을 하나님의 군대라고 불렀다. 광야에서부터 20세의 남자 중에 전쟁에 나가 싸울만한 자들을 구별하라고 했고(민1:3), 마침내 가나안 정복을 위해 여리고성에서 첫 전투가 시작될 때에 하나님은 천사를 보내어 그 전쟁을 이끌 여호와의 군대 대장이라고 했다(수5:14-15).

"그가 이르되 아니라 나는 여호와의 군대 대장으로 지금 왔느니라 하는지라 여호수아가 얼굴을 땅에 대고 엎드려 절하고 그에게 이르되 내 주여 종에게 무슨 말씀을 하려 하시나이까 여호와의 군대 대장이 여호수아에게 이르되 네 발에서 신을 벗으라 네가 선 곳은 거룩하니라 하니 여호수아가 그대로 행하니라"(수5:14-15)

가나안 전쟁은 하나님의 자녀들이 각자의 삶의 자리에서 하나님 나라를 이루기 위해서 싸워야 하는 영적 전쟁을 의미한다. 나라에 군대가 필요한 이유가 이것이다. 나라를 세우고, 그 세워진 나라를 지키기 위해서이다.

미국의 베테랑스 데이가 그들의 수고를 기억하는 날이다. 이제 하나님의 백성들은 모두 하나님 나라의 베테랑으로 살다가 하나님 앞에 설 수 있어야 한다. 우리가 공부하고, 일하고, 사는 모든 자리가 하나님 나라를 이루어야 하는 현장이다. 그 현장을 타락한 흑암 세력이 장악하고 깊은 흑암이 땅을 덮을 것이라고 했다(사60:2, 요14:30). 그러나 그 흑암 세력들이 무너지도록 그리스도의 이름으로 영적 싸움을 하는 성도들로 인해 그 현장에 하나님 나라가 임할 것을 말씀하셨다(마12:28).

세 번째는 다음 시대를 이끌어 갈 후대들을 그리스도의 군사라고 불렀다(딤후2:3-4). 타락과 재난이 계속되고, 교회들이 환난을 당하고, 온 세상이 고통하는 때가 온다고 했지만 이런 후대들이 일어나는 한 희망이 있다.

우리의 후대들이 오직 그리스도, 오직 성령의 능력으로 세상을 살리는 미션을 가지고 일어날 때 하나님은 그들을 이 시대의 영적 써밋으로 세워 쓰실 것이다. 에스겔 선지자에게 골짜기에 널려 있는 마른 뼈들이 일어나 지극히 큰 하나님의 군대로 서는 환상을 주신 것처럼(겔37:1-10) 하나님은 우리에게 그 언약을 주시며, 오직 성령의 능력으로 우리가 이 시대의 하나님의 큰 군대로 서기를 원하신다.

미국에 살게 하시는
절대 이유

로마가 세계를 지배하면서 나름 세계 평화를 유지했던 시기를 "팍스 로마나"(Pax Romana)라고 부른다. 같은 의미로 영국이 식민지 시대를 열고 나름 세계의 평화가 이루어진 시기를 팍스 브리태니카(Pax Britannica)라고 부르고, 미국을 중심으로 세계의 질서가 유지되는 상황을 팍스 아메리카나(Pax Americana)라고 부른다. 원래 "팍스"(Pax)라는 말은 "평화"라는 뜻의 라틴어에서 온 말로 영어의 평화(Peace)라는 말도 여기서 유래되었다. 모두가 한 시대의 강대국의 영향력을 빗대어 쓰는 표현들이다. 이런 강대국을 하나님의 사람은 어떤 눈으로 보아야 하고, 이 시대 강대국 미국에 사는 우리는 어떤 이유를 가지고 살아야 할까?

실제로 성경에는 적어도 일곱 강대국의 역사들이 기록되

어 있다. 성경에 바벨탑의 역사로 기록된 나라는 인류 최초의 제국이라고 불리는 메소포타미아 제국이다. 이때 문자의 시작인 상형문자, 법의 시작인 하무라비 법전, 세계 지도가 만들어질 정도였다. 그러나 창11장에 등장하는 이들이 만든 바벨탑은 그 시대에 최고의 기하학과 건축술을 가지고 우상을 섬기기 위해 만든 신전이었고, 그것은 하나님의 자리에 인간을 대신하겠다는 욕심과 타락의 상징이었다. 이후에 그런 강대국들이 계속일어나는데, 이집트, 블레셋, 모압, 암몬, 바벨론, 앗수르, 로마 제국들이 대표적인 나라들이다.

성경에는 이 강대국에 사는 두 종류의 사람들이 기록되어 있다. 첫째는 그 강대국에 의해 노예가 되고, 포로가 되고, 속국이 되는 고통을 경험한 사람들이다. 첫 번째 선택된 하나님의 백성들이라고 했던 유대 민족이 그들이다. 왜 하나님의 사람들이 이런 고통을 겪으며 살아야 했을까? 그것은 마치 구원받은 하나님의 백성들이 세상의 어둠의 권세에 짓눌리고, 고통을 당하면서 사는 모습과 같다. 성경에 마치 에덴동산처럼 보인 소돔과 고모라 땅에 들어가 육신적으로만 살다가 모든 것을 잃어버리고 나온 롯도 대표적인 실례이다. 아메리칸 드림을 꿈꾸며 이 땅에 온 우리가 그런 인생을 살다가 갈 수는 없는 일이다.

둘째는 그 강대국에서 하나님의 약속을 붙잡고, 하나님의 축복을 누리며, 그 강대국에 모인 모든 민족에게 그 축복을 전달해준 사람들이 있다. 성경은 그들을 향해 "하나님의 거룩한 씨"(사6:13)요, "남은 자"(롬11:4)요, "흩어진 자(디아스포라)"(행11:19)라고 부른다. 그들을 증인으로 세우기 위해 모든 외로움과 아픔과 눈물까지도 증거가 되도록 축복하셨다.

메소포타미아 제국의 중심지였던 갈대아 우르에서 부름 받아 축복의 조상이 된 아브라함이 시작이다. 이집트 시대에 쓰임 받은 요셉과 모세, 블레셋 시대에 쓰임 받은 사무엘과 다윗, 아람 시대에 쓰임 받은 엘리야와 엘리사, 바벨론과 페르시아 시대에 쓰임 받은 다니엘과 에스더가 대표적인 증인들이다.

우리가 어떤 이유로 미국에 왔든지 하나님은 우리를 그렇게 쓰시기 위해 이 땅 미국에 보내신 것이다. 마치 줄로 잰 것처럼 정해주셨다고 했다(시16:6).

"내게 줄로 재어 준 구역은 아름다운 곳에 있음이여 나의 기업이 실로 아름답도다"(시16:6)

하나님은 우리가 이 절대 이유를 붙잡고 이 땅 미국을 살릴 자로 일어서기를 기다리신다.

18

다민족 사역과 선교

다민족 사역으로
일어나라

희랍의 철학자 디오게네스는 누군가가 자신에게 출생지에 대해 질문을 했을 때, "나는 세계의 시민(코스모폴리탄)이라"고 대답한 것으로 유명하다. 이전에도 소개했지만 미 육군사관학교 입학식을 참석했을 때 교장은 "우리의 목표는 미국의 장교를 키워내는 것이 아니고 세계의 리더를 키워내는 것"이라고 한 말이 기억난다. 세계를 하나로 보고, 그 속에서 세계를 이끄는 리더를 키우겠다는 생각들이 미국을 이 시대 강대국으로 세운 비밀이 아닌가 싶었다.

흔히 미국의 힘을 용광로에서 녹아지는 쇳물처럼 모든 인종과 문화가 하나로 어우러지는 소위 "A Melting pot"에 비유한다. 한때 타임지에서는 미국에서 유일하게 교회 안에서만 각 인종과 언어권별로 따로 모이는 것이 이해하기 어려운 점이라고 지적한 바가 있다.

처음부터 인간은 하나님의 형상대로 창조된 한 가족이었다. 그런 인간이 우리가 잘 아는 창11장의 바벨탑 사건을 겪으면서 인간은 흩어져 다른 언어, 민족, 인종으로 살게 되었다고 성경은 설명한다. 그들이 흩어져 살면서 각자의 종교와 우상을 만들어 섬기면서 많은 종교적 갈등과 전쟁을 만들기도 했다.

이 전 세계 민족이 다시 하나님 백성으로 하나 되어 서로 사랑하고, 화목하고, 하나님의 축복을 나누며 사는 것이 하나님의 뜻이다. 이 일을 위해 하나님의 아들이신 그리스도께서 오셨고, 인생을 타락과 분열과 고통과 저주로 이끄는 인생의 근본 문제 세가지를 해결하셨다.

아담으로부터 시작된 인간의 죄의 본성이 끝없는 죄와 저주를 만들어내지만 그리스도께서 참 제사장의 권세를 가지고 십자가에 죽으심으로 우리를 해방시키셨다(롬8:1-2). 인간을 이 죄와 타락으로 유혹한 사단의 권세가 지금도 세상과 사람들을 이간질하고 분열시키고 있지만 그리스도께서 왕의 권세를 가지고 오셔서 이 사단의 머리를 밟으시고 우리에게 참 평화를 약속하셨다(창3:15, 사9:6, 엡2:14). 그리스도께서 참 선지자의 권세를 가지고 오셔서 하나님 만나는 길이 되시고, 누구든지 그 안에 있으면 성령으로 하나 되게 하는 축복을 허락하셨다(요14:6, 엡4:4-6).

이 그리스도께서 구원받은 하나님 자녀들을 통해서 회복하고자 하는 것은 바로 모든 민족이 구원받고, 성령 안에서 하나가 되어 하나님을 영화롭게 하는 것이다. 이 일을 위해서 그리스도께서 부활 이후에 마지막 주신 언약이 있다. "가서 모든 민족을 제자로 삼고"(마28:18), "만민에게 복음을 전파하여" 그들을 치유하라는 것이다(막16:17-18).

이 일을 위해서 믿는 자에게 성령으로 함께 하시고, 그 분의 권능으로 "땅끝까지 가서 증인이 되리라"고 축복하셨다. 하나님이 마가다락방에 모인 성도들에게 약속의 성령을 부으시고, 그 곳에 모인 15개국의 사람들에게 입을 열어 복음을 전하게 하신 이유가 그것이다(행2:11-19).

훗날 안디옥 교회가 세계를 살리는 교회로 쓰임 받은 비밀도 그것이다. 모두가 유대인에게만 복음을 전할 때에 그 중의 몇 사람이 헬라인에게도 그리스도를 전파했다고 했다(행11:19-21). 그때 주의 손이 그들과 함께 하시고, 많은 사람들이 주께 돌아왔다고 했다.

26년 전에 하나님의 은혜로 이 다민족 사역을 중심으로 오늘의 한마음교회가 일어났다. 거기에 덱스터 스미스를 비롯한 여러 제자요 동역자들이 있다. 다민족 사역을 회복하는 것이 교회가 하나님이 기뻐하시는 모습으로 일어나는 시작이다.

다인종의 갈등을
축복으로

지난 주간에 뉴욕의 지하철을 타고 가던 사람이 옆에 있는 아시안 사람에게 자기 옆에 있지 말라고 요구를 하고, 그에게 스프레이를 뿌린 사건이 일어났다. 이런 인종 갈등과 증오 범죄들이 어제 오늘의 일은 아니다. 1992년 4월, LA에서 일어난 폭동도 있다. 백인 경찰들이 흑인을 과잉 진압하고 공정한 재판을 하지 않았다는 불만으로 시작되어 그 불씨가 코리안 타운으로 번진 사건이다.

심각한 인종 갈등과 문화 충돌이 계속 되는 이 땅에서 하나님의 사람들은 어떤 답을 가지고 살아야 할까? 하나님은 주의 백성들이 살아야 할 나라와 지역까지 마치 줄로 재어준 기업처럼 허락하셨다고 했다(시16:5-6). 그 하나님은 세계 모든 민족이 모여 살고 있는 이 땅에서 우리가 그들을 살리고, 축복하며, 화평하게 하는 일에 쓰임 받기를 원하신다(마5:9).

성경에는 이 축복을 놓치고 산 사람들이 그 땅의 이방인들로서 많은 고통과 실패를 겪는 인생을 살아야만 했던 실례들이 있다. 소돔과 고모라에서 모든 것을 잃고 나온 롯이 대표적이다. 모압으로 이주해 살다가 남편과 두 아들을 잃은 채 유대 땅으로 돌아와야만 했던 나오미라는 여인도 있다. 국제 결혼한 가정이라는 이유 때문에 로마에서 쫓겨난 브리스가 아굴라의 부부도 마찬가지였다.

특히 시대마다 강대국에 살았던 사람들이 그 땅에 살도록 허락하신 하나님의 절대 계획을 놓치면 사는 것이 고통이 될 수 밖에 없다. 실제로 미국 같은 강대국에 사는 것이 얼마나 어려운 일인가? 이 땅에는 나름 이 시대의 최고라는 사람들이 모여 산다. 거기서 경쟁하며 살다보니 그 스트레스가 심각하고, 많은 인종 갈등과 증오 범죄까지 만들어낸다.

더 심각한 것은 영적인 문제이다. 각 나라에서 온 사람들이 각자의 우상을 가져다 섬기다 보니 그 땅은 모든 더러운 귀신의 영들이 모인 곳이라고 했다(계18:1-3). 우울증, 정신 분열, 마약 중독, 증오 범죄들이 그냥 일어나는 사건들이 아니다. 그 귀신의 영들, 흑암의 역사가 덮은 것이다.

반대로 여기서 하나님의 절대 계획을 붙잡은 사람들은 다른 인생을 살았다. 한 때 고통과 실패를 경험했던 사람들도 후에 이 축복을 깨닫고 누리면서 자기의 지역과 나라와 시대와 미래를 살리는 사람들로 쓰임 받는 인생이 된 것이다(룻4:14-15, 롬16:3-4).

올바른 복음을 누리고, 나누면 된다. 모든 민족을 살리고, 하나가 되게 할 수 있는 분은 하나님의 아들로 오신 오직 그리스도 한 분 뿐이다(요14:6, 엡4:6). 다양한 문화와 인종이기 때문에 각기 다른 문제가 일어나는 것처럼 보이나 결국 문제의 근본 원인은 같다. 인간이 하나님과 분리되어 영적으로 죽고(엡2:1), 세상에 역사하는 사단에게 잡혀(엡2:2), 결국 죄에 종노릇한 결과이다(엡2:3).

그리스도는 이 세가지 근본 문제를 해결하시고, 모든 세상을 그리스도 안에서 하나 되게 하시기 위해 오신 것이다. 교회가 이 올바른 복음을 전파해서 모든 사람들이 하나님 앞에 한 자녀들이 되는 순간부터 어떤 인종과 문화의 차이도 문제가 되지 않는다(엡2:19). 그렇게 해서 세워지는 다민족, 다문화 교회는 이 땅에서 이뤄지는 하나님 나라의 최고의 모델이다.

난민에 대한 하나님의 해답

베네수엘라와 콜롬비아의 국경지대

　한 주간 동안 교회의 26명의 대원들과 함께 콜롬비아 의료 선교를 다녀왔다. 특히 콜롬비아의 브카라망가라는 도시에서 가까운 베네수엘라 국경 지대에 설치된 난민 보호소에서의 사역은 가슴 아픈 기억이 되었다. 선교를 떠나기 전에 강을 건너다가 함께 익사한 아버지와 어린 딸의 안타까운 기사를 보았기 때문이었는지 몸도 지치고 마음도 무너져 있는 그들을 보는 마음은 더욱 애틋했다. 해발 3천미터의 고지대에 위치한 국경 근처에 올라가보니 실제로 호흡하기도 어렵고, 추위가 느낄 정도였다. 열흘을 걸어 이곳까지 오면서 굶주림과 추위에 죽는 사람이 많다는 사실도 알게 되었다.

왜 갈수록 전 세계에 이런 난민들이 급증하는 것일까? 이들에게 주시는 하나님의 답은 무엇일까?

성경은 모든 인생이 이 땅에서 진정한 본향을 잃어버린 난민으로 살고 있음을 말해준다. 하나님의 형상대로 지음 받아 에덴동산에서 최고의 축복을 누리던 인생이 그 에덴 동산을 쫓겨 나게 된다(창3:23). 옛 뱀이라고 불리는 사단에게 속아 하나님과의 언약을 깨면서 그 저주가 시작되었음을 말씀한다(호6:7).

"그들은 아담처럼 언약을 어기고 거기에서 나를 반역하였느니라"(호6:7)

세가지 근본 문제가 시작되었다. 첫 인생 아담의 불순종으로 인해 모든 인생이 죄와 저주 아래 놓이게 되었고(롬3:10, 롬5:12), 영적으로는 마귀를 따라 우상과 귀신을 섬기며 살게 되었고(요8:44, 고전10:20), 하나님과는 원수된 삶을 살게 되었다고 밝히고 있다(엡2:14). 인간이 당하는 모든 문제와 고통과 실패는 이 세가지 근본 문제에서 시작되었다는 것이다. 그것을 원죄의 저주라고 한다.

하나님은 여기서 빠져 나올 수 있도록 그리스도로 보내주셨다. 그리스도는 "기름부음을 받은 자"라는 뜻으로 그 분이 가진 권세를 의미한다. 참 제사장의 권세를 가지고 우리를 죄와 저주에서 해방시키시고, 참 왕의 권세를 가지시고 세상의 왕노

릇하는 사단의 권세를 무너뜨리고, 참 선지자의 권세를 가지고 하나님 만나는 길이 되어 누구든지 그 그리스도를 영접하는 자는 하나님 자녀가 되는 권세를 주셨다(요1:12).

하나님은 그리스도와 함께 한 이들을 영원한 본향인 천국으로 가는 날까지 지키시고, 인도하시고, 축복하실 것을 약속하셨다. 더 나아가 이 땅에서 나 같은 사람을 살리고, 세상을 살리는 증인으로 쓰실 것을 약속하셨다(행1:8).

실제로 요셉은 노예로 팔려가서 난민의 인생을 살았지만 하나님은 그를 애굽을 살릴 자로 세우시고 축복하셨다. 다윗은 정치적인 이유로 쫓겨 다니며 난민으로 살았지만 하나님을 그를 시대적인 왕으로 세우셨다. 초대교회는 신앙의 핍박을 받아 흩어져 난민으로 살았지만 하나님은 그리스도 안에 있는 그들을 보내 사마리아를 살리고(행8:4-8), 안디옥까지 가서 세계를 살리는 선교를 시작하게 하셨다(행11:19-21).

하나님이 주시는 난민에 대한 해답, 이 시대가 붙잡아야 할 절대적인 해답이다.

모태에서 영원까지

미군 철수와 함께 탈레반의 집권이 가시화되면서 아프가니
스탄을 탈출하는 난민 문제가 심각한 상황이다. 2020년 유엔
난민 기구(UNHCR)가 집계한 전 세계의 난민은 약 8천만 명이
고, 3천만 명이 18세 미만의 아동이라고 한다. 그 중에 대표적
인 나라는 10년째 내전을 겪고 있는 시리아가 660만 명, 아프리
카의 남수단이 230만 명이고, 극심한 정정 불안과 경제 위기를
맞은 베네수엘라가 370만 명, 아프가니스탄이 270만 명이고,
군부 쿠데타로 인해 시작된 미얀마가 약100만 명이라고 한다.
그 외에도 정치적인 핍박과 종교적 이유와 극심한 가난과 기아
로 인해 유랑하는 난민들이 있다.

나와 내 가족을 지켜줄 수 있는 국가나 정부가 없고, 머물

수 있는 지역이 없이 살아야 하는 삶은 참으로 비참하다. 아담과 하와가 타락한 후 완전한 행복의 자리인 에덴 동산을 쫓겨나면서 인생에 근본적인 난민의 삶이 시작되었을지도 모른다. 하나님 없이 인간 중심의 세계를 만들어보겠다는 바벨탑 사건으로 인해 인류가 전 세계로 흩어진 사건도 또 하나의 난민 역사일 수도 있다.

성경의 유대인들이 강대국과 세상에 노예, 포로, 속국으로 산 것도 우리에게 거울이 된다. 왜 인생에 이런 일들이 계속될까? 이 모든 비극의 시작은 인간이 욕심과 타락으로 하나님을 떠나고, 인간을 그렇게 살 수 밖에 없도록 유혹한 사단과 그를 따르는 악의 영들이 개입하면서이다.

성경은 그들 때문에 온 땅과 사람들에게 깊은 흑암이 덮힐 것이라고 했고(사60:2), 그들이 정사와 권세자들까지 움직여 세상을 고통으로 몰고 갈 것이라고 하셨다(엡6:12). 하나님은 인간을 이 타락과 고통과 어둠에서 건져내기 위해서 그 아들을 그리스도를 보내셨고, 이 그리스도 안에서 죄 사함을 입고 흑암의 백성에서 하나님 나라의 백성이 되는 것이 구원이다(골1:13-14). 이 그리스도를 통해 주신 축복을 복음이라고 한다.

하나님은 구원받은 성도들이 영세 전에 선택된 자들이고, 그들의 삶을 모태로부터 영원까지 인도하시고, 보호하시고, 책임지시겠다고 하셨다(사49:5, 엡1:3-6). 그렇게 해서 성도의 모든 것은 세상 살리는 증거가 될 것이라고 약속하셨다(행1:8).

"오직 성령이 너희에게 임하시면 너희가 권능을 받고 예루살렘과 온 유대와 사마리아와 땅 끝까지 이르러 내 증인이 되리라 하시니라"(행1:8)

1,2차 세계 대전으로 피폐해진 영국을 살리기 위해서 윈스턴 처칠 정부는 경제학자인 윌리엄 베버리지에게 국가가 할 수 있는 일을 연구해달라고 했다. 그래서 나온 것이 "윌리엄 베버리지 보고서"이고, 여기서 무지, 불결, 질병, 나태, 궁핍의 5대 악을 퇴치하기 위한 사회 보장제도가 만들어진다. 이때 완전한 복지 제도를 의미하는 "요람에서 무덤까지"라는 용어가 탄생했다.

국가와 정부가 이렇게 무덤까지라도 우리의 인생을 도와줄 수 있다면 감사한 일이나 아직까지 그런 완전한 국가는 세상에 없다. 하나님은 "요람에서 무덤까지"의 수준이 아니라 "모태에서 영원까지"의 언약을 우리에게 주셨다. 그래서 성도는 행복할 수 밖에 없는 사람들이다.

한 사람의 제자

아프카니스탄 난민을 받아들여야 하는 문제에 대해 기독교
인들의 의견이 분분하다. 난민을 받아들인 이후 이들로 인해
나라가 모슬렘화 될 것을 염려하는 사람들도 있다. 2차 대전 이
후 유럽에 중동 지역의 모슬렘 이민자들이 들어왔고, 그들의
자녀들이 성장해 각 나라에 중요한 위치에 있는 것도 사실이
다. 파키스탄 모슬렘 이민자의 자녀가 성장하여 지금 영국 런던
의 시장이 되어 있기도 하다.

어차피 난민을 받아들여 같이 살아야 하는 것은 피할 수가
없다. 오히려 그 난민들을 도우면서 복음을 전할 수 있는 중요
한 기회로 만들어야 한다. 그들 중에 한 사람의 제자만 찾아 세
울 수 있어도 된다. 방글라데시와 파키스탄에서 사역하는 모슬

렘 출신의 두 목사가 있다. 이들은 한국에 돈을 벌기 위해 들어왔지만 복음을 받고 목사로 훈련되어 다시 자기 나라로 파송되어 신학교 사역을 하는 사람들이다. 복음도 분명하지만 한국어도 배워 이제는 한국 목사들이 강의를 할 때 현지어로 통역을 해주는 정도이다. 이 두 사람의 제자로 인해 모슬렘 선교의 문이 되고, 현지인 목회자를 키울 수 있는 것은 큰 응답이다.

하나님이 이스라엘 백성들을 가나안으로 보내어 하고자 하신 일은 그 땅을 하나님이 다스리는 축복된 땅이 되게 하려고 한 것이다. 그들이 가나안에 들어가서 먼저 만나 세운 제자가 라합이라는 가나안 여인이다. 국경 지대에 집을 만들어놓고, 사람들에게 숙식과 매춘까지 한 여인이다. 그러나 이 여인이 훗날 다윗 왕의 조상이 되고, 그 후손을 통해 인생의 구원자가 되시는 그리스도가 오신다.

라합은 어떻게 자기 인생을 바꾸는 이 복음을 받을 수 있었을까? 먼저는 400년 동안 노예로 살던 이스라엘 백성이 하나님 백성이 되어 누리는 축복을 소문을 통해 들은 것이다(수2:9-11). 그래서 하나님은 우리가 그 분을 바라보면서 그 분의 축복을 누리는 삶을 살기를 원하신다. 우리가 세상 앞에 증인으로 서는 것이다.

두 번째는 그 가나안에 먼저 파견된 두 정탐꾼들을 통해서

이다. 정탐꾼은 아무나 보내는 것이 아니다. 잘 훈련된 사람들이다. 그들은 어떤 복음을 전달했을까? 먼저는 하나님이 그들을 어떻게 운명 같은 400년 노예에서 해방시켜 주었는지를 말했을 것이다. 어린 양의 피를 바르는 유월절 이후 애굽의 장자들의 목이 꺾이면서 해방된 것이다. 그리스도의 피로 말미암아 인생을 실패하는 운명과 저주로 끌고 가는 사단의 권세가 어떻게 무너지는지를 의미하는 것이다. 이스라엘이 가나안으로 들어올 때 창에 붉은 줄을 걸으라고 한 이유도 그 피 언약을 의미한다. 그렇게 해방된 자기 백성을 하나님이 광야에서 함께 하며, 보호하고, 인도하셨는지를 말해주었을 것이다. 구원받은 자에게 함께 하는 성령의 역사가 그것이다.

마지막으로 이 가나안 정복을 통해 하나님이 하고자 하신 일을 설명했을 것이다. 이 축복의 언약을 라합이 붙잡았고, 하나님은 그녀의 인생은 완전히 바꾸신 것이다.

우리 주변에도 이렇게 준비된 사람들이 있다. 하나님은 지금도 우리가 전하는 복음을 통해 이런 한 사람의 준비된 제자가 세워지기를 원하신다.

19

마지막 때를 사는 성도

마지막 때에 성도가 누려야 할 축복

마태복음 24장의 예언대로 심각한 기근, 재난, 전쟁, 테러의 소식들이 들려온다. 지구는 수십 년 안에 사람이 살기 어려운 곳이 될 것이라는 경고도 들려오고 있다(지구 온난화, 방사능 오염, 폭발적 인구 증가등). 4차 산업혁명이라는 이름으로 인공 지능과 유전자 복제 시대를 여는 현실은 인간의 본질적 가치를 무너뜨릴 것을 예측하고 있다.

그러나 더 안타까운 일이 있다. 이 세상을 살려야 할 교회들이 영적인 힘을 잃은 채 문을 닫고 있고, 신자들과 후대들이 교회를 떠나는 현실이다. 사단은 갈등과 핍박과 거짓 선지자들의 미혹으로 교회를 공격할 것이라고 했다.

하나님은 교회가 그렇게 무너지도록 놔두시는가? 아니다. 이때 하나님이 "남겨놓은 자"(영어로는 렘넌트)들이 있다고 했다. 이스라엘 나라가 망하고, 성전이 다 무너지는 그 시간에 하나님이 남겨놓은 그들은 "거룩한 씨"라고 했다(사6:13). 엘리야 시대에 우상에게 절하지 않은 칠천 명을 남겨놓은 것처럼 이 시대에도 은혜로 택하심을 받은 "남은 자"가 있다고 했다(롬11:5). 특히 사단은 교회를 무너뜨리기 위해 대적하나 반드시 승리할 "남은 자"가 있을 것을 약속하셨다(계12:17, 17:14).

"용이 여자에게 분노하여 돌아가서 그 여자의 남은 자손 곧 하나님의 계명을 지키며 예수의 증거를 가진 자들과 더불어 싸우려고 바다 모래 위에 서 있더라"(계12:17)

이 언약을 이루기 위해서 오신 분이 그리스도이시다. 이 그리스도가 우리를 위해 죽으셔서 우리의 모든 죄와 저주를 대속하시고, 부활하셔서 이 땅에 영적 문제를 가져온 사단의 머리를 밟으시고, 우리에게 새생명을 주시면서 영원한 승리를 약속하셨다. 하나님은 이 그리스도 안에서 먼저 우리를 살리고, 치유하고, 축복해서 무너져가는 세상과 교회와 사람을 살릴 자로 쓰시겠다는 것이다. 그 이유 때문에 구원받은 자에게 성령의 능력을 부으셔서 우리의 모든 삶이 증거가 될 것을 약속하셨다(행1:8). 이것은 명령이 아니고, 마지막 때에 반드시 성도가 누려야 할 축복이다.

우리가 가장 작은 일을 해도 이 언약과 이유를 붙잡고 하면 하나님은 그 약속을 성취해 가실 것이다. 영어에 직업이라는 단어 중에는 이런 언약과 의미가 담긴 말들이 있다.

첫째는 "Vocation"이라는 단어다. 천직, 또는 소명이라는 단어로 쓰인다. 보잘 것 없이 보이는 작은 일도 하나님이 세상을 살리기 위해 내게 맡기신 일이라는 믿음을 가지고 하라는 것이다.

둘째는 "Profession"이라는 단어다. 전문적인 직업을 의미하나 근본적으로는 "신앙고백"이라는 의미를 가지고 있다. 모든 일을 하나님 앞에서 신앙 고백하는 자세로 하라는 의미이다.

셋째는 'Occupation"이라는 단어다. "정복한다"라는 뜻의 "occupy"라는 동사의 명사형이다. 나의 맡겨진 일 속에서 창 1:28에 주신 처음 축복대로 "정복하고 다스리는 축복"을 회복해서 세상을 살리는 하나님의 뜻을 이루라는 의미이다. 종교개혁자 마르틴루터의 비문에 "오늘 지구의 종말이 와도 나는 한 그루의 사과 나무를 심겠다"고 기록된 말 속에도 이런 의미가 담겨 있다.

땅을 팔고 사지 못하게 하신 이유

    대한민국이 토지주택공사(LH) 직원들의 땅 투기로 인해 혼란스럽다.

    톨스토이는 그의 단편 소설인 "사람에게는 얼마만큼의 땅이 필요한가"에서 땅에 대한 욕심이 어떻게 인생을 파멸로 몰고 가는지에 대한 메시지를 준다. 도시에 사는 언니와 시골에 사는 동생이 만나 시골과 도시 생활의 논쟁을 하던 중에 동생의 남편인 바흠이 끼어들어 "우리 농부들은 어려서부터 땅을 벗 삼아 살아왔기 때문에 어리석은 유혹에 빠질 틈이 없고, 원하는 만큼의 땅만 가질 수 있다면 악마도 두려울 것이 없다"라고 말한다.

    이 소리를 들은 마귀는 이 바흠을 무너뜨리기 위해 땅을 소유할 수 있는 기회를 만들어주고, 마지막에는 바흠이 걸어간 만큼 땅을 싼 가격에 소유할 수 있도록 유혹을 한다. 바흠은 욕심에 사로 잡혀 너무 멀리 갔고, 해가 질 때는 피를 토하고 죽게 된다. 그가 결국 차지할 수 있는 땅은 자기 시신을 묻을 수 있는 작은 땅 뿐이었다.

땅 투기 뿐만이 아니다. 인간의 욕심은 이 땅을 병들게 하고, 결국 지구는 회복할 수 없을 만큼 파괴될 것이라고 한다. 다큐멘터리 〈우리의 지구〉에서도 결국 죽어가고 있는 지구 생태계의 위기는 인간의 탐욕과 오만이라고 고발한다. 이제라도 남극과 북극, 해양, 밀림들을 마치 하나님이 구별하신 거룩한 자리인 〈성소〉와 같이 보존하지 않으면 안 된다는 호소를 한다.

성경에 하나님의 백성은 하나님이 각자의 기업으로 나주어 주신 땅을 팔고 사지 못하도록 말씀하셨다. 세상을 창조하신 하나님만이 모든 땅의 주인이심을 강조하신 의미도 있고, 하나님이 모든 인생에게 공평하게 분배해주신 땅에서 평안히 살아갈 수 있도록 허락하신 하나님의 사랑이요 배려다.

그래서 혹시 어떤 이유로든 남의 땅을 소유하게 되면 안식년이 일곱 번이 지난 오십년 째인 〈희년〉에 모든 땅을 원래 주인에게 돌려 주라고 명령하셨다(레25:8-34). 이것도 모든 인생을 향한 하나님의 본래 사랑과 배려를 가르치신 것이다. 더 중요한 결론이 있다. 결국 인간의 욕심과 타락으로 인해 세상은 파멸의 길을 걸어가고 있고 사단은 계속 그것을 부추기고 있지만 거기서 빠져 나오는 하나님의 답을 말씀해 주신 것이다.

희년은 곧 그리스도의 구원의 날을 의미한 것이다. 희년에는 땅만 돌려주는 것이 아니고, 형제들의 빚도 탕감해주고, 심지어는 도피성에 피해 있던 살인자까지 해방시켜주라고 하셨다. 그리스도께서 이루신 십자가의 대속으로 인해 모든 인생이 죄와 저주와 원수로부터 영원히 해방 받은 비밀을 약속한 것이었다(히10:12-14).

"오직 그리스도는 죄를 위하여 한 영원한 제사를 드리시고 하나님 우편에 앉으사 그 후에 자기 원수들을 자기 발등상이 되게 하실 때까지 기다리시나니 그가 거룩하게 된 자들을 한 번의 제사로 영원히 온전하게 하셨느니라"(히10:12-14)

그 그리스도가 다시 오시는 날에는 만물과 세상을 새롭게 하실 것도 약속하셨다(계21:4-5).

갈수록 인간과 세상은 악해가고 있고, 그 배후에 역사하는 사단의 계략을 인간 스스로는 막을 수가 없다. 그래서 오신 하나님의 아들이신 그리스도가 우리 인생의 참 주인이 될 때에 우리는 파멸해가는 이 땅을 넘어 그리스도가 다스리시는 새 하늘과 새 땅을 누릴 새로운 피조물로 시작할 수 있다(고후5:1-17).

불확실한 미래를
사는 길(1)

1977년 미국의 경제학자인 갈브레이드(John Kenneth Galbraith)는 영국 BBC 방송에 출연하여 방송한 내용을 편집해서 「불확실성의 시대」(The Age of Uncertainty)라는 책을 발간했다. 코로나 바이러스 판데믹으로 인해 전 세계가 나라의 문을 닫고 전염병과 싸우면서도 더 심각하게 다가올 경제 위기를 두려워하는 지금은 "불확실성의 시대"를 넘어 "초불확실성의 시대"(The Age of Hyper-Uncertainty)라는 말까지 나오고 있다. 이 시간 속에 스트레스, 우울증, 공황장애, 자살 충동의 정신 질환을 겪는 사람들이 늘어가고 있다.

하나님은 말세에 고통의 시간이 오지만, 그 속에서 하나님의 백성은 어떻게 승리하고, 그 고통의 세상을 치유하고 살리는 자로 설 수 있는지에 대한 분명한 답을 주셨다. 광야를 거쳐 가나안을 향해 가는 이스라엘 백성들에게 영원히 지키라고 주신 세 절기 속에 그 답이 있다.

〈유월절〉은 성도의 과거 문제에 대한 해답이다. 유월절의 어린 양으로 죽으신 그리스도의 피 언약을 붙잡을 때 모든 죄와 저주, 운명에서 빠져 나올 것을 약속하신 것이다.

유월절이 지나 오십일 째 지키는 〈오순절〉은 성령의 역사에 대한 약속이다. 구원 받은 성도에게 다시 문제가 찾아와도 성령의 충만을 누리는 성도는 오늘을 승리할 것을 약속한 것이다.

마지막이 〈초막절〉의 언약이다. 이 초막절에는 한 해의 열매를 거두고 감사하는 절기이지만 그때는 임시 거처인 초막을 만들어 한 주간 그 곳에 머무는 시간을 가지라고 하셨다. 광야를 통과하며 많은 문제가 있었어도 그 시간에 하나님이 어떻게 택한 백성들을 인도하시고, 축복하셨는지를 기억하라는 뜻이다.

아울러 구원받은 성도들의 미래는 하나님의 절대 계획 속에 있다는 것을 놓치지 말라는 것이다. 그래서 하나님을 사랑하는 자 곧 그 뜻대로 부르심을 입은 자들에게는 모든 것이 합력해서 선을 이룰 것이라고 약속하셨다(롬8:28). 그 일을 위해 구원받은 자에게 성령이 함께 하시고(요14:16-18), 그 능력을 누리는 자는 모든 것이 증거가 되어 땅 끝까지 증인이 되게 할 것을 약속하셨다(행1:8). 그래서 우리는 여러 가지 어려움과 문제 속에서도 무시로 성령 안에서 기도하면서 영적인 힘을 얻는 것이 중요하다(엡6:18). 그때 구원받은 하나님의 자녀들까지 낙심과 절망으로 이끄는 어둠의 영들은 무너지게 될 것이다(막9:29, 롬16:20).

"평강의 하나님께서 속히 사탄을 너희 발 아래에서 상하게 하시리라 우리 주 예수의 은혜가 너희에게 있을지어다"(롬16:20)

초막절에 담긴 결론적 언약은 우리의 영원한 미래이다. 초막절에 잠시 머물러야 하는 초막은 언젠가는 벗어야 할 우리 몸과 같다(고후5:1). 우리에게는 이 몸을 벗고, 영원하고 영광스러운 몸을 입고, 새 하늘과 새 땅에서 누릴 새로운 시간이 약속되어 있다. 그 영원한 미래가 있기에 우리는 이 땅에서부터 영원한 그리스도를 바라보면서 하늘 보좌의 권세와 배경을 누리며 사는 것이다(빌3:20-21).

〈타임〉지에서 지난 천년동안 인류 역사에 가장 큰 영향을 준 인물에 선정된 발명왕 토마스 에디슨에게 한 기자가 80대의 노인이 되어서도 열정을 가지고 일 할 수 있는 비결을 물었다. 그때 에디슨은 이렇게 대답했다고 한다. "믿음입니다. 하나님이 준비하신 영원에 대한 믿음이 저로 하여금 오늘의 삶을 더 충실하고 만족하게 합니다"

불확실한 미래를
사는 길(2)

4차 산업혁명 시대를 대표하는 인공 지능으로 인해 전문직들을 포함해서 수많은 일자리가 사라지게 될 것이라고 한다. 영국의 경제학자인 가이 스탠딩 교수는 이미 많은 사람들이 "프레카리아트"(불안정한 노동 계급)로 전락하고 있고, 이들은 아무 희망도 없이 저숙련과 저임금 노동을 전전하면서 먹고 사는 문제로 평생 고통을 받을 것이라고 강조해왔다.

안타깝게도 지금의 코로나 판데믹 상황이 그것을 빠르게 앞당길 것이라고 예측하기도 한다. 일단 인공 지능 시대를 앞에 둔 지금, 전문가들은 인공 지능에 대체되지 않는 나를 만드는 사람만이 살아남을 것이고, 그들이 인공 지능 시대를 이끄는 자들이 될 것이라고 한다.

한국의 이지성씨가 펴낸 〈에이트〉라는 책을 보면 인공 지능에 대체되지 않는 나를 만드는 법은 인공 지능은 절대 가질 수 없는 인간 고유의 능력인 공감의 능력과 창조적 능력을 갖추는 것이라고 강조한다. 여기서 "공감의 능력"은 타인의 생각과 감정을 타인의 입장에서 느끼고, 이해 할 줄 알고, 이를 행동으로 옮기는 능력이다. 이 공감의 능력에서 모든 사람에게 유익을 주는 창조적인 능력이 나온다고 설명한다.

본래 공감의 능력과 창조적인 능력은 처음부터 하나님이 인간에게만 주신 축복이다. 하나님이 인간을 하나님의 형상대로 지으셨을 때(창1:27), "하나님의 형상"이란 의미는 적어도 세 가지를 의미한다. 앞에서 말한 공감의 능력과 창조적인 능력과 함께 이 모든 것 위에 있는 영적인 능력 곧 영성이다.

공감의 능력이란 모든 사람과 만물을 사랑하고 배려하며 도울 수 있는 인성(Personality)이고, 그것은 곧 하나님의 성품이다(벧후1:4-7). 이 하나님의 성품을 가지고 만물을 다스리도록 주신 축복이 창조적인 능력 곧 창조성(Creativity)이다(창1:28). 그것을 가지고 하나님이 창조한 세상을 발전시켜 모든 인간과 세상을 유익되게 하고, 하나님께 영광을 돌리기를 원하신 것이다.

안타깝게도 첫 인생 아담이 사단에게 속아 타락하면서 인간은 모든 사람과 만물을 사랑하고 배려하는 대신 자기의 유익만 추구하는 존재로 전락했고, 마지막 때에는 더욱 자기만을 사랑해서 온 세상의 고통을 만들 것이라고 했다(딤후3:1-4). 거기에 인간은 창조적인 능력을 사용해 오히려 세상을 파괴하는 것들을 만들어내고, 그것으로 전쟁하며, 거기서 인간의 존엄성들이 한없이 무너지는 일들이 계속되고 있다.

이 모든 것 위에 중요한 것이 영성(Spirituality)이다. 영성이란 인간을 창조하신 하나님과 소통하며, 그 능력으로 세상과 인간을 사랑하고 치유하며, 무엇보다도 인간과 세상을 무너지게 하는 악한 영들의 세력과 싸워 이기게 하는 영적인 힘이다.

하나님은 그의 아들이신 그리스도를 보내어 이 모든 축복의 회복을 약속해 주셨다. 자기를 비워 종의 형체로 오셔서 십자가에 죽어주신 그리스도의 마음(빌2:1-8), 모든 인생을 재창조하실 수 있는 그리스도의 절대 능력(고후5:17), 끝없는 타락과 고통을 주는 마귀의 일을 멸하신 그리스도의 권세이다(요일3:8).

"그런즉 누구든지 그리스도 안에 있으면 새로운 피조물이라 이전 것은 지나갔으니 보라 새 것이 되었도다"(고후5:17)

코로나 판데믹 중에서 흑인 형제 조지 플로이드의 안타까운 사망으로 인해 "흑인의 생명도 귀하다"라고 외치며 시위와 폭동이 계속 되는 지금, 우리 모두에게 이 그리스도가 주시는 축복이 절대 필요하다.

불확실한 미래를
사는 길(3)

답답하고 어려운 일이 계속될 때 사람들은 길이 보이지 않는다고 한다. 그러나 그 속에도 길은 있다. 특히 구원받은 하나님의 자녀들에게는 하나님께서 준비해 놓으신 다른 길이 있다. 히브리어의 "거룩하다"라는 단어에는 "다르다", "구별되다"라는 의미가 있다. 그런 점에서 하나님이 성도들을 위해 준비하신 길은 세상에서 같은 길을 걸어가는 것 같으나 다른 길인 동시에 거룩한 길이 되는 것이다.

대장장이의 아들로 태어나 겨우 초등학교를 졸업했으나 청교도 가정에서 자란 여인을 아내로 만나면서 은혜를 체험하고 훗날 침례교의 목사가 된 존 번연은 성공회만을 국교로 정한 영국 정부의 허가 없이 집회를 가졌다는 이유로 12년간 감옥에 갇혀 있게 된다. 그러나 번연은 오히려 그 곳에서 성도들이 성경 다음으로 많이 읽는다는 〈천로역정〉이라는 작품을 쓰게 된다. 천로역정은 성도가 장래 망할 성이라는 뜻인 장망성에서 영원한 성인 천성을 향해 가는 길에 수많은 절망과 실패와 유혹을 당하지만 하나님이 그의 길을 어떻게 인도하시며 승리자의 길을 걷게 하시는 지를 그린 내용이다.

하나님이 준비한 그 길은 무엇일까? 한마디로 말하면 언약의 길을 걸어가는 것이다. 성경은 하나님이 반드시 성취하실 언약을 기록한 책이다. 그 언약의 핵은 하나님의 아들이신 예수 그리스도가 오신다는 것이다(눅24:44-45).

"또 이르시되 내가 너희와 함께 있을 때에 너희에게 말한 바 곧 모세의 율법과 선지자의 글과 시편에 나를 가리켜 기록된 모든 것이 이루어져야 하리라 한 말이 이것이라 하시고 이에 그들의 마음을 열어 성경을 깨닫게 하시고"(눅24:44-45)

그 분이 영원한 제사장으로 오셔서 인생을 모든 죄와 저주와 사망의 권세에서 해방시켜주시고(롬8:1-2), 그 안에 있는 우리가 하늘의 복을 누릴 자녀가 되게 하실 것을 약속하셨다(엡1:3-5).

영원한 왕으로 오셔서 이 땅의 모든 문제의 배후 속에 역사하는 사단의 머리를 박살내시고(창3:15), 반드시 그리스도가 다스리시는 성도 앞에 무릎을 꿇게 하실 것이라고 약속하셨다(고전15:25, 롬16:20). 성도는 어떤 경우도 그리스도의 권세로 승리할 수 있다는 언약이다.

그 분이 영원한 선지자가 되셔서 우리에게 하나님 만나는 길이 되시고(요14:6), 영원히 우리의 미래를 책임지실 것을 약속하셨다(요14:16-18). 이 언약을 믿고, 감사하고, 누리는 사는 길을 〈언약의 여정〉이라고 한다. 하나님은 이 언약의 여정을 가는 사람들을 세워 세상을 치유하고 살리는 증인으로 쓰실 것을 약속하셨다(행1:8). 이들을 전도자라고 한다. 조롱을 받으며 방주를 지은 노아도 전도자였고, 형들에게 노예로 팔려간 요셉도 전도자였다. 그래서 자기 앞에 무릎을 꿇은 형들에게 "형들이 나를 판 것이 아니고, 세상을 구원하기 위해 하나님이 나를 보내신 것이라"고 고백했다(창45:5-8). 노예의 길, 환난의 길을 걸어간 것 같으나 사실은 〈전도자의 여정〉을 간 것이다.

그리고 성도는 마침내 하나님 앞에 서는 것이다. 그들이 누릴 영광과 면류관이 따로 준비되어 있다(딤후4:8). 그 길을 가는 것을 〈영원한 여정〉, 〈순례자의 여정〉이라고 한다. 이 길을 미리 알고 가는 자는 두려울 것이 없다. 낙심하거나 절망할 이유도 없다. 성도는 하나님이 준비하신 길을 가고 있기 때문이다.

20

우리가 소중히 여겨야 할
분들을 위해

어머니의 날에

이 땅에서 가장 아름답고 소중한 관계는 부모와 자녀의 관계일 것이다. 비교할 수는 없지만 그리스도 안에서 구원 받은 성도에게 하나님 자녀가 되는 권세를 주시고(요1:12), 그 하나님을 "아바 아버지"라고 부를 수 있게 하신 것도 같은 축복이다(롬8:15-18).

사람들 눈에는 부족해 보이는 부모도 있을 수 있다. 부모님과 함께 사는 것이 부담처럼 느껴지는 시간이 있을 수도 있다. 때로 부모의 책망을 들을 때는 상처가 되기도 한다. 그러나 그 부모가 아직 살아계셔서 내 옆에 계셔 주시는 것만으로 사실은 가장 축복되고 감사한 일이다.

어느 홀어머니가 아들을 열심히 가르치고 키워서 나라의 중요한 일을 맡은 자리에 서게 되었다. 어느날 이 아들이 나라에 큰 잘못을 저지르게 되었을 때 어머니는 집으로 불러 종아리를 걷게 하고 회초리로 때리기 시작했다. 그때 종아리를 맞고 있던 아들이 어깨를 들먹거리며 흐느껴 울었다.

민망해진 어머니가 "매가 아파서 우느냐?"고 물을 때, 울고 있던 아들이 이렇게 말했다고 한다. "아닙니다. 매가 아파서 우는 것이 아닙니다. 어머니가 이렇게 때리셔도 아프지를 않습니다. 어머니 기력이 이렇게 쇠하여지셨으니 어머니 돌아가시면 누가 저를 때려주실 수 있나 생각하니 그것이 서글퍼서 웁니다".

나를 책망하시고 때려주실 수 있는 사랑, 그래서 성경에는 "내 아들아 여호와의 징계를 가볍게 여기지 말라. 그 꾸지람을 싫어하지 말라. 대저 여호와께서 그 사랑하시는 자를 징계하시기를 마치 아비가 그 기뻐하는 아들을 징계함 같이 하시느니라"(잠3:11-12)하고 말씀하셨다.

매년 5월의 두 번째 주일은 어머니 날(Mother's Day)이다. 웨스트 버지니아의 아나 자비스(Anna Jarvis)라는 여인이 자신의 어머니가 돌아가신 날을 기념하여 교회에서 흰 카네이션을 나눈 것이 시작이었고, 1914년 우드로 윌슨 대통령이 전국적으로 어머니의 날로 지키기로 선포했다. 365일 전부를 어머니의 날로 지켜도 부족하지만 이 날 만이라도 어머니의 사랑과 수고에 감사하고 격려해드리자는 것이다. 카네이션과 선물과 카드도 중요하지만 어머니가 내 옆에 살아계신 것만으로도 감사할 수 있는 마음부터 회복하는 것이 중요하다. 그것이 보이지 않는 하나님을 사랑하고 감사할 줄 아는 시작이기도 하다(요일4:20).

실제로 예수님은 십자가에서 죽으시면서 사랑하는 제자 요한에게 육신의 어머니 마리아를 가리키면서 "네 어머니다"(요 19:27)라고 부탁하기까지 했다. 그 날부터 요한은 마리아를 자기 집에 모셨고, 그들은 훗날 신약의 첫 교회인 마가 다락방 교회의 주역이 된다.

한때 핍박자로 살던 바울이 그리스도를 통해서 새로운 인생을 살 때 육신의 가족 관계가 단절되었음을 암시하는 성경 구절이 있다(롬9:1-3). 그 전도자 바울은 자신의 동역자인 루포의 어머니를 '나의 어머니'(롬16:13)라고 말하기까지 했다. 후대를 위해 말없이 기도하고 헌신하는 어머니들과 그것을 소중히 여기고 감사할 수 있는 후대들이 있는 교회에는 희망이 있다.

아버지께 드리는
늦은 감사

Father's Day를 맞는다. 나이가 들어가는 탓인지 올해는 먼저 소천하신 아버지가 더욱 그립고, 생전에 깊은 감사를 표현하며 살지 못한 것도 후회스럽다. 92세에 돌아가시기까지 평생 아버지와 함께 살았던 시간은 내게 특별한 축복이었다.

늦게 얻은 아들이라 그러셨는지 누님들에게는 미안할 정도로 아들에 대한 정을 쏟으신 분이었다. 어린 시절에 아버지께 매도 맞고 야단도 맞으며 자란 덕에 부족하지만 그나마 이 정도의 인성이라도 만들어진 것도 감사하다. 초등학교 밖에 안 나오셨지만 유교와 한학의 배경에서 성장하셔서 어렸던 내게 한문의 기초인 천자문과 명심보감을 가르쳐주신 기억도 감사하다.

엄하신 분이셨지만 숨겨진 정이 많아 남 돕기를 좋아하신 분이셨다. 남의 빚 보증해주시고 빌려준 돈이 많으신 탓에 그 빚을 갚겠다는 증서로 주는 〈약속 어음〉이 내 유산으로 올 정도였지만 하나도 돌려받은 것은 없다. 물려받은 재산은 없었지만 미국 유학까지 와서 이렇게 목회하기까지 경제적인 어려움이 없이 살 수 있었던 것도 먼저는 하나님의 절대 은혜이지만 베풀기를 좋아하신 아버지가 쌓아주신 축복이었을 것이기에 더욱 감사하다.

내가 중학생이 된 이후부터는 말없이 아들을 믿어주시고, 도와주시기만 한 것이 감사하다. 스스로 책임감 있게 사는 삶을 훈련시켜주신 무언의 교육이었을 것이다.

유교적 배경의 집안이었기에 어린 시절에 아버지를 따라 일 년에 몇 번의 제사를 드렸는지 모른다. 그러나 내가 고등학교 때 하나님을 만나 교회를 다니는 것을 알고는 당신도 아들이 믿는 하나님을 믿어야겠다고 하시고, 그때부터 그 많던 제사를 단번에 포기한 분이였다. 유학을 마치고 목회하는 동안도 아버지는 나의 목회에 대해 어떤 영향을 주는 말씀을 하지 않으셨다. 평소에 아들을 믿어주고, 이제는 주의 종이기에 하나님께 인도하실 것이라고 믿으셨기 때문일 것이다.

아버지는 목재소를 운영하시며 직접 나무를 베고, 톱을 갈고, 기계를 만지셔서 그러셨는지 못 고치는 것이 없는 핸디맨이셨다. 손자들이 타는 자전거가 고장이 나도 할아버지 손에 가면 고쳐져 나오니 어린 아이들에게도 특별했을 것이다. 부끄럽고 죄송하기는 하지만 그런 아버지가 집안 일을 살펴주시고, 심지어 잔디를 깎는 일까지도 직접 해주신 덕택에 나는 목회에 전념할 수 있었으니 감사할 뿐이다.

그런 아버지를 천국으로 보내드리고 한동안 얼마나 허전하고 힘들었는지 모른다. 부모가 돌아가신 후에야 그 분의 빈자리를 느끼고, 더 감사하고 섬기며 살지 못한 것에 대해 뒤늦은 후회를 하는 어리석은 인생인 것을 어찌하겠는가?

하나님은 부모를 공경하는 것은 약속 있는 첫 계명이라고 하면서 "네가 잘 되고, 땅에서 장수하리라"고 하셨다(엡6:2-3).

"네 아버지와 어머니를 공경하라 이것은 약속이 있는 첫 계명이니 이로써 네가 잘되고 땅에서 장수하리라"(엡6:2-3)

눈에 보이는 부모를 섬기는 것이 영원한 아버지이신 하나님을 섬기는 기초가 되기 때문일 것이다. 이제는 하늘에 계신 아버지를 그리면서 살아계실 때 많이 못한 늦은 고백을 마음 깊은 속에서 드려본다. "아버지, 너무 감사했고 사랑합니다"

조부모(Grandparents Day)의
날에

　해마다 노동절이 지난 첫 번째 주일은 연방 정부에서 정한 조부모의 날이고, 올해는 9월 12일이었다. 미국에서 조부모의 날은 1969년, 9살의 러셀 캐퍼(Russell Capper)가 닉슨 대통령에게 조부모를 축하하는 날을 만들어달라는 편지를 보내면서 시작되었다고 한다. 이후 평생에 15명의 자녀와 43명의 손자를 얻은 매리언 맥퀘이드(Marian McQuade) 여사가 노인의 중요성과 역사와 문화에 걸쳐 그들이 공헌한 바를 후대와 공유해야 할 것을 강조하면서 미국 상원에 조부모의 날을 요청하였고, 1977년 상원의 결의를 거쳐 1978년 8월 3일 지미 카터(Jimmy Carter) 대통령이 서명함으로 마침내 이듬해부터 이 날을 기념하게 되었다.

　미국 뿐 아니라 영국, 프랑스, 독일, 호주, 일본, 브라질 등의 나라에서 조부모의 날을 따로 정해 기념하고 있고, 미국에서는 대통령의 선언으로 시작되는 이 날에 행사를 홍보하고 각종 기념 프로그램을 개발해 배포하기도 한다.

학교에서는 아이들이 조부모에 대한 스토리텔링 시간을 갖고, 조부모에 관련된 그림이나 카드 또는 포스터를 그리는 시간을 갖기도 한다. 이 날에 가정에서는 조부모에게 축하 카드와 선물을 건네고, 가족이 함께 사진을 찍거나 파티를 하기도 한다. 처음에 조부모의 날을 의회에 주창한 매리언 여사는 하루의 축하로 끝날 것이 아니라 젊은이들이 노인들을 입양해서 평생을 교통하며, 그 분들이 가진 이전 세대의 문화와 경험과 지혜를 나눌 수 있기를 강조했다.

성경에 하나님은 조부모 역할의 중요성을 강조하면서 그런 조부모를 공경하는 것이 하나님을 섬기는 백성들의 기본으로 말씀하셨다. 유대인들이 자녀 교육의 대헌장이요 흔히 "쉐마"(신6:4-9)라고 부르는 말씀이 있다. 마음과 뜻과 정성을 다해 오직 하나님을 사랑하고, 그 주신 언약의 말씀과 축복을 후대에게 전달해야 할 것을 강조한 내용이다.

그 언약을 주시면서 그들이 누릴 축복은 "너와 네 아들과 네 손자들이 평생에 누릴" 축복이 될 것이라고 하셨다(신6:2). 조부모가 붙잡은 언약과 믿음과 축복이 손자녀에 까지 계승될 것을 약속하신 것이다. 실제로 유대인들이 수없는 고난 속에서도 많은 인재들을 키워낼 수 있었던 것은 후대 교육에 있어 조부모까지의 역할을 강조하고 실천한 것에 있다.

유대인들의 힘 중에 하나는 세대 차이가 없는 것이다. 어느 학자는 그 이유를 가정과 회당에서 "같은 믿음, 같은 언어, 같은 음식"을 먹도록 가르쳤고, 특히 후대들이 조부모 세대와 깊은 교통을 할 수 있도록 만들었기 때문이라고 했다.

오래 전에 칼럼에서 쓴 적이 있지만 후대를 위한 조부모들의 심리적, 영적, 문화적 영향력은 참으로 놓쳐서는 안 되는 축복이다. 하나님은 이런 조부모를 공경하는 일이 얼마나 중요한지를 이렇게 강조하신다. "너는 센 머리 앞에서 일어서고 노인의 얼굴을 공경하며 네 하나님을 경외하라 나는 여호와니라"(레 19:32).

목회자의 날을
맞이하면서

미국에서는 10월의 두 번째 주일을 "목회자의 날"로 지키면서 목회자를 위로하고 축복하는 날이다. 1992년 한 선교 단체가 목회자를 위한 감사와 위로의 날 제정에 앞장서면서 시작된 이 날은 개신교와 정교회, 카톨릭 교회까지 함께 하게 되었고, 첫 해에는 4명의 주지사가 서신을 통해 『교회와 사회에 지대한 공헌을 하고 있는 귀하는 참으로 미국의 보물』이라고 감사를 표시했다고 한다.

몇 년 전에 한 교회 성장연구원의 설문 조사에 따르면 80%의 미국 목회자들이 자기 사역이 가족에게 부정적인 영향을 미쳤다고 느끼고, 75%는 최소 한 번 이상 심각한 스트레스로 인해 위기를 겪었으며, 50%는 사역자로서의 역부족을 느끼고 있

고, 70%는 사역 초기보다 점점 부정적인 자아상을 가지고 있다
고 했고, 50%는 석 달 내에 사임을 고려해봤으며, 70%는 친구
가 없음을 느낀다고 응답했다고 한다.

해마다 수천 개의 교회가 문을 닫아가고 있는 미국 교회의
위기는 목회자의 위기에서 시작한다. 그 위기의 근원적인 이유
가 낮은 소명감, 연약한 자존감, 하나님과의 관계를 깊이 누리
지 못하는 낮은 영성에서 시작되는 것은 분명하다.

그러나 그 외의 이유들이 있다. 출·퇴근 시간이 정해 있지
않아 책임감이 강한 목사들은 스스로 휴식 시간을 취하지 못
할 때 탈진의 위험이 있다. 교인들의 끊임없는 기대도 문제가
된다. 교인들은 목회자에게서 존경받는 목회자, 뛰어난 설교자,
유능한 상담가, 최고의 인격자, 헌신적인 봉사자의 모습을 기대
하기 때문에 여기에 미치지 못한다고 느낄 때는 무기력을 느끼
게 된다.

모세를 비난했던 미리암과 아론처럼 목회자를 허물과 실수
를 비난하는 가족 관계도 좌절감을 갖게 한다(민12:1-3). 교회
안에는 목회자를 이해하고 돕는 일군만 있는 것이 아닌 현실도
목회자를 외롭고 지치게 만든다. 결국 목회자들은 조기 은퇴를
선언하고, 신학생들은 점점 줄어들고 있기 때문에 교회는 힘을
잃을 수 밖에 없는 것이다.

이 현실 앞에서 하나님이 주시는 해답은 무엇일까? 분명한

사실은 목회자는 하나님의 절대 계획 속에 부름 받은 자들이다(렘1:5, 막3:13). 아울러 모세나 바울과 열두 제자처럼 하나님의 절대 은혜가 아니면 안 되는 자로 부름 받은 자들이다(고전15:10). 그래야만 오직 그리스도만을 바라보고, 수고한 이후에도 오직 그리스도 외에는 자랑할 것이 없기 때문이다(고후12:9, 갈6:14).

"그러나 내게는 우리 주 예수 그리스도의 십자가 외에 결코 자랑할 것이 없으니 그리스도로 말미암아 세상이 나를 대하여 십자가에 못 박히고 내가 또한 세상을 대하여 그러하니라"(갈6:14)

목회자 자신도 오직 이 하나님의 절대 은혜를 바라보고 누려야 하지만 이들을 돕는 성도들의 역할은 하나님이 주시는 절대 미션이다. 그래서 하나님은 "너희 안에서 수고하고 주 안에서 너희를 다스리며 권하는 자들을 너희가 알고, 그들의 역사로 말미암아 사랑 안에서 가장 귀히 여기고, 서로 화목하라"(살전5:12-13)고 말씀하신다. 바울이 바울 되기까지 하나님이 그 옆에 보호자로(롬16:1-2), 생명을 대신하는 동역자로(롬16:3-4), 식주인으로(롬16:23) 성도들을 붙이시고 그 이름을 기억하신 것은 모든 목회자와 성도들이 함께 누릴 절대 축복이다.

고(故) 이종률 장로님을 그리며

2019년 12월 28일, 30년을 함께 동행하면서 내 생명처럼 사랑했고 감사했던 분을 하늘나라로 보내드렸습니다. 몇 년 전부터 당뇨병이 오고, 이틀에 한 번씩 고통스런 신장 투석을 해야만 했었지만 그 시간을 기도 속에서 하나님과 교통할 수 있어서 행복하다고 고백했던 분입니다. 그런 분이 미끄러운 빗길에 교통 사고를 당해 의식을 잃고 12일간을 누워 계시다가 갑자기 가셨습니다.

떠나시기 전 날에는 기적적으로 눈을 뜨고 한참을 바라봐 주시더니 그것이 마지막 인사였습니다. 부활하여 새 몸을 입고, 다시 만날 때까지 하나님의 품에서 안식의 시간을 가지실 뿐인데도 함께 하며 나누었던 기억들이 떠오를 때면 한없는 그리움이 사무쳐 옵니다.

　30세에 막 교회를 개척하고 한 영혼이 소중하고, 함께 동역할 일군이 기다려질 때에 그 분이 먼저 전화를 해주셨고, 그 분의 사업장이었던 Larry's cookie에서의 만남이 첫 만남이었습니다. 그렇게 시작해서 두 번의 교회를 개척하기까지 오직 그리스도만을 바라보며, 묵묵히 교회를 섬기며, 부족하기 짝이 없는 주의 종을 위해 부인되시는 장인종권사님과 함께 생명을 걸고 동행해 준 분입니다.

　전도자 바울에게 자신과 교회를 위해 생명을 건 브리스길라와 아굴라가 있었다면 내게는 이 부부가 있었습니다. 단 한번도 그 분의 입에서 불신앙과 불평의 말을 들어본 적이 없고, 어쩌다 젊은 목사가 지적하는 일이 있을 때는 가장 겸허한 자세로 받아주시는 분이었습니다. 30년을 함께 하면서도 단 한번 목회자의 마음에 상처나 불편함을 남긴 분이 아니었습니다. 그저 무슨 말을 해도 들어주고, 도와주려고만 했던 든든한 아버지 같은 넉넉함을 가진 분이었습니다.

　인생과 목회의 가장 큰 위기를 당했을 때는 누구보다도 앞장서 끝까지 목회자의 보호자가 되어주신 분이었습니다. 바울에게 보호자 뵈뵈가 있었다면 내게는 이 분이 있었습니다. 무슨 눈물이 그렇게 많으신지 영혼을 위해 기도하시다가, 교회를 위해 기도하시다가, 주의 종을 위해 기도하시다가 갑자기 우시는 시간이 한 두 번이 아니었습니다. 그 눈물을 기억될 때는 어느새 내 눈과 가슴에도 눈물이 흘러내립니다.

얼마나 문학적인 분이었는지 크리스마스나 생일이 되어 카드를 보내주실 때는 그 표현이 가슴 절절히 감동과 고마움을 느끼게 하는 글들이었습니다. 그 분과 함께 했던 30년은 무엇과 바꿀 수 없는 행복이었고 축복이었습니다.

사업을 하면서도 토요일이면 어려운 성도들을 심방하시겠다고 주 5일 비즈니스만 고집했던 분입니다. 언제든지 심방할 성도가 있어 전화를 드리면 기꺼이 달려와 주셨습니다. 사업을 은퇴하고는 생명을 살리는 전도와 선교에만 전념하시고, 74세의 마지막 부름 받는 순간까지 전도자의 길을 걸어 가셨습니다.

누구보다도 모국인 대한민국을 사랑하고, 교포 사회를 섬기신 분입니다. 그 분의 권고와 지원으로 워싱톤 조선일보에 칼럼을 쓰기 시작한지 반년이 지났습니다. 모든 성도들이 감사하고 목사가 늘 기대고 싶었던 이런 장로님 같은 분을 다시 만날 수 있을지 생각하면 더 서글퍼집니다.

꼭 성지순례를 함께 하고 싶었는데 더 좋은 천국에 가셨으니 감사하겠습니다.

나의 사랑, 나의 동역자이신 이종률 장로님, 이제는 편히 쉬십시오

이 책이 나오기까지 매번 글을 교정하면서

격려해 준 아내와 각자의 자리에서

237 모든 민족을 살리는 제자의 길을 걸어가고 있는

네 자녀인 하능, 하은, 하준, 하영이와

두 며느리인 케렌과 하나와

네 손자들인 승수, 현수, 지수,

곧 태어날 윤수를 허락하신 하나님께 한없는 감사를 드리면서

사랑하는 모든 가족들에게 먼저 이 책을 선물한다.

너는 행복자로다

초판1쇄 | 2022. 5. 20

지은이 | 이동철
발행인 | 박정자
편집 디자인 | 김옥순 허희승 이미경
펴낸곳 | 에페코북스 편집실
신고번호 | 제20011-999127호
주소 | 서울시 영등포구 여의도동 14-5
기획홍보부 | (02)2274-8204
제작처 | (주)예손그리너
이메일 | dlee1008@gmail.com

ISBN 979-11-85312-59-0

• 좋은 독자가 좋은 책을 만듭니다.
• 에페코북스는 독자 여러분의 의견에 항상 귀 기울이고 있습니다.

• 이 책의 인세는 237나라와 5000종족의 복음화와 후대를 살리기 위한 다민족 선교단체를 지원하는
  선교헌금으로 사용됩니다.